Martin Kitchen

Kurze Geschichte des Dritten Reiches

Martin Kitchen

Kurze Geschichte des Dritten Reiches

Aus dem Englischen von
Dorothea Grünewald

Englische Originalausgabe:
Nazi Germany. A Critical Introduction.
Tempus Publishing Ltd, Stroud, Gloucestershire, 2004

Die Deutsche Nationalbibliothek verzeichnet diese Publikation
in der Deutschen Nationalbibliografie;
detaillierte bibliografische Daten sind im Internet über
http://dnb.d-nb.de abrufbar.

© 2006 by WBG (Wissenschaftliche Buchgesellschaft), Darmstadt
Die Herausgabe des Werkes wurde durch
die Vereinsmitglieder der WBG ermöglicht.
Redaktion: Christina Kruschwitz, Berlin
Einbandgestaltung: Peter Lohse, Büttelborn
Umschlagmotiv: Hitler beim Parteitag der NSDAP in Nürnberg 1929
(Foto: akg-images).
Satz: Fotosatz Janß, Pfungstadt
Gedruckt auf säurefreiem und alterungsbeständigem Papier
Printed in Germany

Besuchen Sie uns im Internet: www.wbg-darmstadt.de

ISBN-13: 978-3-534-19632-6
ISBN-10: 3-534-19632-5

Inhaltsverzeichnis

1 Deutschland, Hitler und der Aufstieg der NSDAP

20. April 1889 bis 30. Januar 1933

Einleitung

Wie war es möglich, dass so etwas passieren konnte? Viele Zeitgenossen haben sich verzweifelt diese Frage gestellt; trotz Zehntausender sorgfältig angefertigter wissenschaftlicher Arbeiten über sämtliche Aspekte des Dritten Reiches fällt es uns auch viele Jahrzehnte später noch schwer, eine Antwort darauf zu finden. Wie konnte so eine hoch gebildete, kultivierte und technisch so fortschrittliche Gesellschaft mit einer rechtsstaatlichen Tradition einen ungebildeten Stammtisch-Demagogen verehren, einen glühenden Rassisten, einen geifernden Kleinbürger, einen sadistischen Monomanen? Wie konnte ein Land, das einen solch unübertroffenen Beitrag zur europäischen Zivilisation geleistet hatte, seine außergewöhnlichen Fähigkeiten und ganze Kraft in einen brutalen und sinnlosen Eroberungskrieg sowie einen industrialisierten Massenmord stecken, dessen

Ausmaße noch immer jegliche Vorstellungskraft übersteigen?

Die Umstände dieser geschichtlichen Entwicklung sind in der Tat rätselhaft. Bis zu seinem dreißigsten Lebensjahr war Adolf Hitler eine vollkommen unbedeutende Figur. Doch in den daran anschließenden 26 Jahren war sein Auftreten in der Geschichte beispiellos und hatte unauslöschliche Folgen. Noch immer sind Deutschland und die Opfer, die überlebt haben, vom Regime Hitlers traumatisiert; möglicherweise verheilen die Wunden, die der Nationalsozialismus geschlagen hat, nie.

Im Sommer 1932 waren die meisten politischen Beobachter davon überzeugt, dass Hitlers plötzlicher Aufstieg nur von kurzer Dauer sein würde. Seine Partei hatte deutlich an Zustimmung verloren; Reichspräsident Hindenburg verweigerte Hitler das Kanzleramt; die nationalsozialistische Bewegung war in internen Auseinandersetzungen gefangen. Dennoch wurde Hitler wenige Monate später zum Reichskanzler ernannt und Zeitgenossen waren von dem Tempo, mit dem sich diese „nationale Revolution" entwickelte, geradezu benommen. Innerhalb von sechs Monaten hatten die Nationalsozialisten alle übrigen Parteien, die Gewerkschaften und sonstigen Verbände und Vereinigungen, unabhängig davon, ob sie der Linken oder der Rechten angehörten, ausgeschaltet. Das föderalistische System wurde regelrecht demontiert, in den Kommunen wurde die

Partei führende Kraft, politische Gegner – ob reale oder vermeintliche – wurden aus dem Staatsdienst entfernt, die Presse wurde gleichgeschaltet und Deutschlands beachtliche jüdische Bevölkerung war grauenhafter Diskriminierung und schändlichen Demütigungen ausgeliefert.

Die Ursachen für diese Katastrophe sind sehr komplex und tief in der deutschen Geschichte verankert. Sie waren weder ein einmaliges Ereignis, ein Unfall, eine Ausnahme oder ein „politisches Tschernobyl", wie beispielsweise die Historiker Friedrich Meinecke, Gerhard Ritter und Eberhard Jäckel argumentieren. Noch hat Auschwitz die vorangegangene deutsche Geschichte ausgelöscht, wie uns Jürgen Habermas glauben machen möchte. Das Dritte Reich war nicht das unausweichliche Ergebnis der Entwicklung der deutschen Geschichte, die in einer Linie von Luther über Friedrich den Großen zu Bismarck und Hindenburg führte, wie Befürworter der Theorie eines „deutschen Sonderwegs" behaupten. Letztere Betrachtung ist ebenso vereinfachend wie die traditionelle preußisch-konservative Position, die die Reichsgründung 1871 verherrlichte und mit dem „Anschluss" Österreichs 1938 in den Augen vieler Nationalisten einen Abschluss erfuhr.

Diese positive, hegelianische Betrachtungsweise der geschichtlichen Entwicklung Deutschlands wurde erstmals von Edmond Vermeil auf den Kopf gestellt. Er argumentierte, Deutschland habe seit den

Feldzügen der Hohenstaufer in Italien im 12. Jahrhundert einen „Sonderweg" beschritten (eine Sichtweise, die aus sehr abweichenden Gründen von den
Nationalhistorikern des 19. Jahrhunderts geteilt
wurde). A. J. P. Taylor und William Shirer machten
Martin Luther beziehungsweise den preußischen Mi-
litarismus für die Sonderentwicklung verantwortlich. Etwas später widmete Hans-Ulrich Wehler
seine Aufmerksamkeit der Frage, warum sich in
Deutschland keine liberal-demokratische Gesellschaft nach britischem Vorbild entwickelte.

Bei näherer Betrachtung erklärt der „Sonderweg" nur sehr wenig, da jedes Land gewissermaßen
seinen eigenen „Sonderweg" hat. Deutschlands
Wirtschaftsentwicklung, seine Sozialstruktur und
seine sozialen Konflikte, aber auch der Widerstand
etablierter Eliten gegenüber liberalen Reformen unterschieden sich wenig von den Erfahrungen in
Großbritannien oder Frankreich. Ferner ist das aus
dem Bereich des Films stammende Prinzip der
Kontinuität äußerst unhistorisch, da der Verlauf der
Geschichte nur aus der Rückschau betrachtet vorgegeben erscheint.

Sicher diente der von Fernand Braudel stammende Begriff „longue durée" der Erklärung für den Aufstieg des Nationalsozialismus, doch waren unmittelbar vorangegangene Umstände wesentlich wich-
tiger: ein verlorener Krieg und das als Schande
empfundene Friedensabkommen, die galoppierende

Inflation von 1923 und die im Jahr 1928 beginnende längere Depressionsphase, Massenarbeitslosigkeit, die Wahrnehmung einer kommunistischen Bedrohung, der Zusammenbruch des demokratischen politischen Systems, und darüber hinaus die Rolle der einzelnen Akteure mit ihren Intrigen und schwerwiegenden Einschätzungsfehlern. Die Republik kollabierte, die autoritären konservativen Kräfte wussten nicht mehr, was weiter getan werden könnte und die Nationalsozialisten nutzten die Gelegenheit, die ihnen diese wirtschaftliche, politische und soziale Krise bot. Das unmittelbare Ergebnis war nicht unabwendbar, aber man versteht, warum es dazu kam. Was daran anschließend geschah, ist allerdings etwas vollkommen anderes. Historiker sind keine Richter, doch auch zu verstehen bedeutet keineswegs, einverstanden zu sein. Wir können niemals genug über die nationalsozialistische Diktatur wissen, um zu vergeben. Der Horror des Holocaust bringt das historische Verständnis schließlich zum Schweigen; alle Versuche der Erklärung sind nichtssagend, leichthin gesagt und pietätlos. Es ist richtig und rechtens, wenn der menschliche Intellekt und sein Vorstellungsvermögen angesichts dieser vollendeten Verachtung von Zivilisation vor qualvoller Fassungslosigkeit steht.

Hitler und die NSDAP: Die frühen Jahre

Jedes Schulkind im Nationalsozialismus lernte: „Unser Führer Adolf Hitler wurde am 20. April 1889 in Braunau am Inn geboren. Sein Vater war ein österreichischer Zollbeamter, seine Mutter war Hausfrau." Einzelheiten seiner Kindheit und Jugend erscheinen mysteriös, zum Teil durch seine eigenen Schilderungen in *Mein Kampf* und zum Teil aufgrund der Erinnerungen seines Jugendfreundes August Kubizek. Es reicht, wenn man weiß, dass er in einem kleinbürgerlichen Milieu aufwuchs und es ihm auch nach dem Tod seines Vaters im Jahr 1903 nicht an materiellen Dingen mangelte.

Nach der 9. Klasse verließ Hitler die Schule und führte ein ruhiges semikonventionelles Leben, zunächst bis 1907 mit seiner Mutter in Linz und dann in Wien. Zweimal versuchte er, sich an der Wiener Akademie der Bildenden Künste einzuschreiben, scheiterte jedoch beide Male an der Aufnahmeprüfung, da ihn das Prüfungskomitee für zu untalentiert hielt. Bis 1913 blieb er in Wien, wo er seinen bescheidenen Lebensunterhalt mit dem Verkauf handbemalter Postkarten der Stadt bestritt und jede Gelegenheit für einen Opernbesuch nutzte.

Wien war vor dem Ersten Weltkrieg ein Nährboden für politischen Antisemitismus. Georg Ritter von Schönerer war 1907 ein alter Mann und sein Einfluss war im Schwinden, doch griff Hitler viele seiner Ideen auf. Schönerer verachtete die Demokratie und predigte Antisemitismus und „Nationalsozialismus", womit er einerseits Geschäftemacherei beziehungsweise Großunternehmen und liberalen Kapitalismus attackierte, sich gleichzeitig aber auch für soziale Reform und die Unterstützung von kleinen Bauern und Handwerkern aussprach. Er bestand darauf, mit „Führer" angesprochen zu werden und ließ den Heilgruß entbieten. Seine Anhängerschaft bestand überwiegend aus Vegetariern und Antialkoholikern. In späteren Jahren sollte Hitler ihn dafür kritisieren, dass er die Notwendigkeit der Massenmobilisierung nicht erkannte und die Katholische Kirche angriff.

Karl Lueger, der bekannte Bürgermeister der Stadt Wien zu der Zeit, als Hitler in die Stadt kam, legte ebenfalls Grundlagen für einen antisemitischen Kurs. Im Gegensatz zu Schönerer war er ein Volksverhetzer, der um eine Massenanhängerschaft unter kleinen Geschäftsleuten und Handwerkern, Schlachtern, Bäckern und Kerzenmachern buhlte, die vom modernen Kapitalismus bedroht waren. Hitler bedauerte vor allem, dass Luegers Antisemitismus, obwohl oft derb und bösartig, in seinen Augen charakterlos war. Lueger hatte einige jüdische Freunde und Bekannte, und wenn er darauf angesprochen wurde, erwiderte er mit dem bekannten Satz: „Wer Jude ist, bestimme ich."

Auf einer radikaleren Ebene des Antisemitismus publizierte der besessene ehemalige Zisterzienser- mönch und Möchtegernaristokrat Jörg Lanz von Lie- benfels in seiner Zeitschrift *Ostara* eine primitive Rassentheorie. Er hatte die Vision von einer blauäu- gigen, blonden „arischen" Rasse, die einen ständigen Kampf gegen „Halbaffen" führte. Minderwertige Rassen müssten sterilisiert und sogar ausgelöscht werden, um das arische Blut rein halten zu können. Lanz übernahm zudem das uralte Symbol des Haken- kreuzes (Swastika).

Vieles von dem war lediglich Kaffeehausge- schwätz und typisch für das Wien jener Zeit, doch beeinflussten solche Ideen den jungen Hitler nach- haltig. Erst als österreichische Nonchalance und preußisches Pflichtbewusstsein sich verbanden, wur- den diese Ideen tödlich, behauptete Karl Kraus. Hit- ler und seine Anhänger übernahmen einen moder- nen Staat, und statt ihre Tage als Schankstubenlang- weiler oder Patienten psychiatrischer Institute zu beenden, konnten sie ihren kranken Fantasien frö- nen, die unermessliches Leid über die Welt brachten.

Im Jahr 1913 zog Hitler nach München, um sich dem Militärdienst in der Österreichischen Armee zu entziehen. Er befand sich in München, als der Krieg ausbrach und meldete sich sofort bei der bayerischen Armee. Er war ein gehorsamer und couragierter Sol- dat, der als Meldegänger zwischen dem Hauptquar- tier des Regiments und der Front diente. Sein befehlshabender Offizier behauptete jedoch, dass er keinerlei Führungsqualitäten aufwies und über den Dienstgrad eines Gefreiten nicht befördert werden konnte. Hitler, der schwerfällige Einzelgänger, wurde tief von den Kriegserlebnissen beeinflusst: vom „Sozialismus in Feldgrau", der eisernen Disziplin, dem Bewusstsein von nationaler Mission und dem Glauben, das Leben sei ein endloser Kampf. „Kampf" sollte zu einem Schlüsselwort des nationalsozialistischen Vokabulars werden.

Hitler war aufgrund eines Gasangriffes vorübergehend erblindet und befand sich in einem Lazarett, als ihn die Nachricht von der Kapitulation Deutschlands erreichte. Erschüttert über diese Nachricht war er entschlossen, den Kampf auf eine andere Art fortzuführen. Ohne Aussichten, im bürgerlichen Leben Fuß zu fassen, bewarb er sich nach der gewaltsamen Niederschlagung der aus Sozialisten, Anarchisten und Kommunisten bestehenden Münchner Räterepublik im April 1919 bei der Reichswehr um eine Position als Informant politischer Versammlungen in München. Nachdem er an einer politischen Schulung teilgenommen hatte, wurde er als V-Mann zwischen dem Militär und einer neu gegründeten Propagandaeinheit eingesetzt. Er galt sofort als erfolgreich. Seine Vorgesetzten bezeichneten ihn als einen von Natur aus begabten Redner, den ein bewundernswerter „Fanatismus" antrieb, und der immer der Aufmerksamkeit seines Publikums gewiss sein konnte.

In einem Brief an seinen Befehlshaber schrieb Hitler, dass seine oberste Priorität einem „rationalen Antisemitismus" gelte, der zur „Beseitigung der Juden" führen würde. Diese Auffassung sollte er bis zum bitteren Ende in seinem Bunker in Berlin vertreten.

München war in den Jahren unmittelbar nach dem Ersten Weltkrieg eine Brutstätte für kleine extremistische Gruppierungen. Eine davon war die *Deutsche Arbeiterpartei* (DAP), die Hitler im Rahmen seiner Pflichten aufsuchte. Ihr leidenschaftlicher Nationalismus und geharnischter Antisemitismus entsprachen seinem Geschmack und so trat er im September 1919 als 55stes Mitglied der Partei bei. Nach seiner Entlassung aus der Reichswehr im Mai 1920 konzentrierte er sich vollends auf die Partei und erhielt bald einen Ruf als mitreißender Bierkeller-Agitator. In der Gesellschaft war er unbeholfen und ungeschickt, doch vor einer Menschenmenge stehend waren seine demagogischen Fähigkeiten unübertroffen. 1921 übernahm er die Partei, die mittlerweile umorganisiert und in *Nationalsozialistische Deutsche Arbeiterpartei* (NSDAP) umbenannt worden war.

Hitler verstärkte seine Position als Parteiführer, indem er seine Wegbegleiter mit in die Führung berief, von denen viele aus der Thule-Gesellschaft kamen, einer grotesken völkischen Organisation, die sowohl wohlhabend war als auch gute Verbindungen hatte. Dietrich Eckart – ein antisemitischer Schrei-

berling – übte mächtigen Einfluss auf Hitlers ent-
flammenden Judenhass aus, den ein scharfsichtiger
Beobachter bereits als „pathologisch" beschrieben
hatte. Alfred Rosenberg, ein aus dem Baltikum
stammender Deutscher, dessen rassistisches großes
Werk *Mythus des 20. Jahrhunderts* so langweilig
war, dass selbst Hitler es als unlesbar empfand, wurde führender Parteiideologe. Gottfried Feder war der
Wirtschaftstheoretiker der Partei, der mit seinen
Schmähreden gegen „Interessensklaverei" und „jüdischen Kapitalismus" auffiel. Sowohl Hans Frank,
ein labiler Jurastudent, bestimmt für ein hohes Amt
und die „Schlinge des Henkers", als auch Rudolf
Heß, ein weiterer wurzelloser Student, der bald Hitlers Stellvertreter werden sollte, hatten beide der
Thule-Gesellschaft angehört, bevor sie der DAP beitraten.

Zu den engsten Mitarbeitern Hitlers zählten in
diesen frühen Tagen auch Max Amann, der das Ver-
lagshaus der Partei leitete, Hermann Esser, der sich
darauf spezialisierte, unflätige, verleumderische An-
schuldigungen gegen angesehene Juden für die Par-
teizeitung *Völkischer Beobachter* zu verfassen, und
Julius Streicher, dessen herrisches Auftreten und sadistische Judenhetze sogar einige sensible Parteimitglieder als boshaft und übertrieben empfanden. Ernst
Röhm, Berufssoldat und bekennender Homosexueller, hatte enge Verbindungen zu führenden Stellen
der Reichswehr und beschaffte Waffen für den para-

militärischen Flügel der Partei, die *Sturmabteilung* (SA). Über die SA führte im Jahr 1923 Hermann Göring das Kommando, ein hoch dekorierter Veteran aus dem „Jagdgeschwader Richthofen". Sie alle lassen sich als eine fragwürdige Ansammlung jugendlicher Sonderlinge zusammenfassen, von denen die meisten etwa zehn Jahre jünger waren als ihr 32-jähriger Führer.

Von Beginn an war Hitler eher Demagoge als Organisator. Im Jahr 1921 hielt er sich zunächst zurück, den Vorsitz der Partei zu übernehmen. Er war in keiner Weise ein origineller Denker. Seine viel gepriesene Weltanschauung war nur wenig mehr als ein Sammelsurium aus Groll, Bigotterie und Vorurteilen; dennoch basierte sie auf einer weit verbreiteten Sichtweise. Indem er die Sorgen, Hoffnungen und Befürchtungen so vieler Zeitgenossen in Worte fasste, traf er zunächst in Bayern und innerhalb erstaunlich kurzer Zeit auch im übrigen Deutschland auf unmittelbaren Zuspruch.

Hitler war der absoluten Überzeugung eines Autodidakten, im Besitz des ideologischen Schlüssels zum Verständnis aller großen Fragen seiner Zeit zu sein und er hatte das fanatische Selbstbewusstsein, das es ihm ermöglichte, andere ebenso davon zu überzeugen. Er duldete keine Diskussion unter den Mitgliedern der Partei über die Inhalte dieses Teufelsgebräus. Die Partei wurde nach militärischen Prinzipien geführt, gemäß derer man der Führerschaft zu gehorchen und ihre Propaganda ohne Fragen zu verbreiten hatte.

Hitlers Weltanschauung bestand aus zwei prinzipiellen Komponenten: dem rassischen Antisemitismus einerseits und dem Bedarf an „Lebensraum" andererseits. Er glaubte, dass die menschliche Geschichte auf den Kampf zwischen den „Rassen" reduziert werden könnte, oder – wie er es oftmals ausdrückte – den „Kampf zwischen den Völkern". Eine „Rasse" beziehungsweise ein Volk müsse „rein" sein, um stark sein zu können. Jegliches fremde genetische Gut müsste zerstört und jegliche fremden Elemente ausgerottet werden. Erklärtes Ziel seiner Innenpolitik war – und er wurde es nie leid, dies zu wiederholen – den „Rassenwert des Volkes" anzuheben, um ihm so die Kraft zu geben, den für sein Überleben notwendigen „Lebensraum" zu erobern. Politik wäre der ewige Kampf von Völkern und „Rassen" um Selbsterhaltung. Samuel Beckett wies auf die Absurdität dieser Vision hin, als er formulierte, wie ein reiner „arischer" Deutscher sein sollte: „blond wie Hitler, schlank wie Göring, gut aussehend wie Goebbels, männlich wie Röhm – mit dem Namen Rosenberg."

Juden spielten eine wesentliche Rolle innerhalb dieser primitiven sozialdarwinistischen Vision. Juden waren staatenlos; im Gegensatz zu den Deutschen verspürten sie keinen notwendigen Drang nach „Lebensraum". Als „Schmarotzer" und „Parasiten" zerfraßen sie wie ein Krebsgeschwür die lebensnotwendigen Organe des deutschen Volkes. Juden verkörperten alles, was Hitler verabscheute: Demokratie, Internationalismus, Pazifismus, Kommunismus sowie sämtliche für ihn unakzeptablen Aspekte des Kapitalismus. Juden waren seiner Ansicht nach schmutzige wohlhabende Plutokraten und widerliche arme Schweine. Sie waren Kapitalisten und ebenso Kommunisten. Sie stellten ihren Reichtum und ihre Macht zur Schau, oder sie verbargen sich und verschworen sich im Geheimen. Sie hatten Jesus umgebracht und schwächten die „arische Rasse" mit ihrer mitfühlenden Moral, die sie auf das Christentum übertrugen. Juden symbolisierten folglich alles, was in der modernen Welt verkehrt lief, alles, was dem deutschen Volk in seinem heiligen Kampf um seine rechtmäßige Stellung als „Herrenrasse" im Weg stand. Julius Streicher behauptete, dass Jesus, da er die Geldverleiher aus dem Tempel geworfen hatte, unmöglich ein Jude hätte gewesen sein können, und er daher den Status eines getreuen arischen Antisemiten erhalten sollte. Hitler teilte diese heterodoxe Ansicht und bezeichnete Jesus als „großartigen arischen Führer" und prominenten Antisemiten.

Hitler – ein Künstler auf dem Gebiet des Mythenmachens – hegte auch ästhetische Einwände gegenüber den Juden. In *Mein Kampf* behauptete er, dass der widerliche Anblick eines Ostjuden im Kaftan und mit Ringellocken in Wien ihn erst zu einem entschiedenen Antisemiten hatte werden lassen. Fortan war er entschlossen, alle diese „o-beinigen, abstoßenden jüdischen Bastarde" aus dem arischen Eden verschwinden zu lassen. Er teilte darüber hinaus den sadistischen, grausamen und sexuell besessenen Antisemitismus von Julius Streicher.

Hitlers Nationalsozialismus war insofern typisch für faschistische Bewegungen der Zwischenkriegsjahre, als er sich auf eine sehr negative Ideologie stützte. Er war zugleich antidemokratisch, antiparlamentarisch, antiliberal, antimarxistisch, antikapitalistisch und antikonservativ. Er sprach sich für eine Art Rassennationalismus und den „Sozialismus" der Volksgemeinschaft aus, doch auch dies waren nur unsinnige Ausdrücke für ein höchst fragwürdiges Gedankenkonglomerat, welches Hitlers unterhaltsamer und talentierter Kamerad aus frühen Jahren in München, Ernst „Putzi" Hanfstaengl, als Hitlers „gnostische Sehnsüchte" bezeichnete. Der Nationalsozialismus, ähnlich dem italienischen Faschismus, entwickelte keine kohärente Ideologie wie etwa der Marxismus-Leninismus. Was als Ideologie durchging, war wenig mehr als ein Sammelsurium weit verbreiteter Vorurteile, Boshaftigkeiten und Gehässigkeiten, gepaart mit unglaublichen Widersprüchen, Klischees und Bigotterie. Kurzum es war eine Reihe sich gegenseitig verstärkender Vorurteile. Doch trotz seiner intellektuellen Beschränktheit bot der Nationalsozialismus eine idealistische Vision einer neuen Gesellschaft an, die eine große Anziehungskraft ausübte. Rufe nach nationaler Wiedergeburt, nach einem wirklichen und bedeutungsvollen Gemeinschaftssinn, nach Arbeit und Wohlstand für alle und nach einem Ende des parteipolitischen Gezänks mögen unaufrichtig und unpräzise gewesen sein, doch trafen sie auf begeisterte Resonanz. Wie Hitler in *Mein Kampf* schrieb, war es nicht Erkenntnis, die zählte, sondern blindes Vertrauen.

Die Bewegung wurde somit nicht aufgrund intellektueller Überzeugung zusammengehalten, sondern durch den dem Führer entgegengebrachten blinden Gehorsam. Der Führer entschied zwischen den sich bekriegenden Gruppierungen innerhalb der Partei und war der alleinige Interpret der kanonischen Texte. Hitler ließ sich durch kein Parteiprogramm binden und vermied es, sich auf partikularistische Interessen einzulassen. Charismatische Führung und geschickt eingesetzte Propaganda verschafften den Eindruck einer dynamischen, disziplinierten und geschlossenen Partei und ermöglichten es Hitler zugleich, jederzeit seine Vorgehensweise zu ändern. Dieser vollendete Opportunist konnte dementsprechend wie ein Mann mit Prinzipien wirken. Umgekehrt wurden sein fanatischer Rassismus und seine Eroberungsgier, die bis zum bitteren Ende unbeeinträchtigt anhielten, zum Teil durch seine erhabene Stellung als Führer verdeckt, mit der er weit über den stumpfsinnigen politischen Auseinandersetzungen seiner Satrapen stand. Jegliche Kritik wurde durch seinen erstaunlichen Erfolg zum Schweigen gebracht.

Innerhalb von 18 Monaten machte Hitler aus sich einen beachtlichen Propagandisten und scharfsinnigen Taktiker, der in Münchens Bierkellern allgemeine Aufmerksamkeit auf sich zog. Im Sommer 1921 schaffte er es, Anton Drexler den Parteivorsitz streitig zu machen. Zwar hatte er keinen sorgfältig ausgearbeiteten Plan, an die Macht zu kommen, doch als meisterhafter Opportunist drohte er damit, aus der Partei auszutreten, sollte der vorgeschlagene Zusammenschluss mit anderen extremistischen Gruppen fortgesetzt werden. Die Partei konnte es sich nicht leisten, auf ihren Hauptdarsteller zu verzichten und ernannte ihn zum Führer mit diktatorischer Macht. Dieser Vorfall war prototypisch für den Politiker namens Hitler. Es war eine Entscheidung, die aus dem Moment heraus getroffen wurde, alles oder nichts, ein Ausdruck seiner Entschlossenheit, sich von niemandem seinen Weg versperren zu lassen und gleichzeitig anderen seinen Willen aufzuzwingen.

Die NSDAP gewann nationale Aufmerksamkeit, als Hitler im September 1922 dem „Deutschen Tag" in Coburg beiwohnte und von 800 SA-Männern in ihren braunen Uniformen begleitet wurde. Sie wurden sofort in eine Schlägerei mit den Sozialdemokra-

ten verwickelt und erhielten so den Ruf, die ent-
schiedensten Gegner der Weimarer Republik zu sein.
Hitler begann mit einer Anzahl glühender Angriffe
gegen die Republik und bezeichnete 1923 die Schöp-
fer des neuen Staates in Übernahme der Dolchstoß-
legende als „Novemberverbrecher", die das Land im
November 1918 durch die Unterzeichnung eines
Waffenstillstands betrogen hätten, obwohl das deutsche Heer für sich beanspruchte, im Felde unbesiegt
geblieben zu sein.

Im Laufe des Krisenjahres 1923 konnte der vir-
tuose Demagoge Hitler eine beachtliche Anhängerschaft für sich gewinnen. Die Mitgliederzahl stieg
von 15 000 auf 55 000, doch blieb die Partei bislang
auf Bayern begrenzt. Er erlangte aber auch die Unterstützung wohlhabender Gönner, unter denen sich
der antisemitische Verleger Hugo Bruckmann, der
Klavierfabrikant Carl Bechstein sowie der Industrielle Fritz Thyssen befanden. Elsa Bruckmann,
eine rumänische Prinzessin, und Helene Bechstein
hegten mütterliche Interessen für Hitler und gehörten zu den ersten der „Hitler-Muttis". Beide über-
reichten ihm Reitgerten, die er in den frühen Tagen
immer bei sich trug. Er stellte eine bizarre Figur in
den eleganten Salons von München dar: Als ein Pis-
tolen verteilender Ganove, mit der Reitgerte in der
Hand und ungeschickt im Umgang mit anderen,
wurde er von der Elite der Stadt als exzentrische Ku-
riosität betrachtet und gefördert.

Die meisten Parteimitglieder stammten aus dem Kleinbürgertum, waren durch die Hyperinflation ruiniert worden und blickten in eine unsichere und bedrohliche Zukunft. Entgegen dem marxistischen Mythos wandte sich die Partei vor allem an die Arbeiterklasse, und etwa ein Drittel der Parteimitglieder hatte zu diesem Zeitpunkt einen deutlichen proletarischen Hintergrund. Als sich nach und nach die unzähligen die Republik belästigenden paramilitärischen Organisationen auflösten, wurden viele ihrer ehemaligen Mitglieder von der SA rekrutiert. Hitlers Verurteilung des Friedensvertrags von Versailles, der „Novemberverbrecher" und des „Systems" trafen ebenso auf begeisterten Zuspruch wie sein Aufruf zu einer „nationalen Wiedergeburt". Mit schlafwandlerischer Sicherheit vermittelte er, dass er die richtige Lösung für die Probleme der Zeit hätte. Selbst zutiefst von seinen Ansichten überzeugt, konnte er auch andere glauben machen, er sage tatsächlich die Wahrheit. Hjalmar Schacht, der Präsident der Reichsbank und Hitlers erster Wirtschaftsminister, sagte später, was ihn am meisten an Hitler beeindruckte, sei dessen absolute Überzeugung von der Richtigkeit seiner Einstellung gewesen sowie seine Entschlossenheit, diese Einstellung praktisch umzusetzen. Hitler entdeckte bald, dass die ständige Wiederholung einfacher Lösungen für komplexe Probleme das Geheimnis zum Erfolg war.

Die SA expandierte schnell von Rausschmeißern

im Bierlokal zu einer beträchtlichen paramilitärischen Organisation mit engen Kontakten zur Reichswehr in Bayern. Darüber hinaus war sie größtenteils
unabhängig von der Partei. Die SA wurde noch auto-
nomer, als Ernst Röhm im Januar 1923 den Zusammenschluss paramilitärischer Wehrverbände zum
Deutschen Kampfbund forcierte. Ende 1931 zählte
dieser 260 000 Mitglieder. Große Auseinandersetzungen zwischen der Partei und ihrem paramilitärischen Flügel in Bezug auf Strategie und Taktik wurden erst 1934 mit dem Blutbad des „Röhm-Putsches"
beendet.

1923: Marsch auf die Feldherrnhalle

Die frühe NSDAP war entschlossen, die Regierung der Weimarer Republik zu stürzen und eine faschistische Diktatur nach italienischem Vorbild zu
schaffen. Hermann Esser erklärte Hitler zum „deutschen Mussolini" und das Krisenjahr 1923 erweckte
die Hoffnung, dass Hitler nach Berlin marschieren
könnte, so wie Benito Mussolini im Oktober des vorangegangenen Jahres seinen „Marsch auf Rom" an-
geführt hatte.

Als Frankreich im Januar 1923 das Ruhrgebiet
besetzte, weil Deutschland seine riesigen Repara-
tionszahlungen nicht leisten konnte, wurde dies von
den meisten Deutschen als Invasion angesehen, so-

dass die Nation mit einem leidenschaftlichen Patriotismus reagierte. Die Besetzung traf auf passiven Widerstand, was einen weiteren Schub der Inflation auslöste, die bald so weit außer Kontrolle geraten sollte, dass das Geld nicht mehr das Papier wert war, auf dem es gedruckt war. Im folgenden Sommer kostete beispielsweise ein Telefongespräch von vormals 10 Pfennigen 100 Milliarden Reichsmark und der Preis für einen Laib Brot stieg von 84 Pfennigen auf 840 Milliarden Reichsmark. In Sachsen und Thüringen kam es zu einem Koalitionsbündis zwischen der *Kommunistischen Partei* (KPD) und der SPD, woraufhin Reichspräsident Friedrich Ebert den Ausnahmezustand verhängte und eine Reichsexekution gegen die Länder anordnete; er ließ die Reichswehr einmarschieren und die Regierungen gewaltsam absetzen. In Bayern ergriff der ehemalige Regierungspräsident Gustav Ritter von Kahr illegal die Macht, mit der vollen Unterstützung der bayerischen Reichswehreinheiten unter dem Kommando von General Otto Hermann Freiherr von Lossow und dem Chef der bayerischen Landespolizei Hans Ritter von Seisser.

Bayern stand in offenem Widerstand zur Republik und Ebert verhängte erneut den Ausnahmezustand. Zu einer Reichsexekution kam es jedoch nicht, weil sich die Reichswehr weigerte einzugreifen, obwohl sie es zuvor gegen die Kommunisten in Sachsen und Thüringen getan hatte. Die ganze Hoffnung der Gegner der Weimarer Republik ruhte nun auf Bayern. Hitler befand sich in einer ungünstigen Situation. Er war vom Kahr-Lossow-Seisser-Triumvirat brüskiert worden, das nun fest im Sattel saß. Geschichte schien sich ohne seine Mitwirkung zu vollziehen. Er fühlte sich stark isoliert und war zutiefst frustriert.

Ohne die Mitwirkung der Reichswehr wäre ein landesweiter Putsch zwecklos, aber auch wenn er erfolgreich wäre, so würde er zweifelsohne mit einer französischen Intervention enden. Trotzdem war Hitler entschlossen, eine dramatische Propaganda-Aktion zu inszenieren, die ihn ins Rampenlicht stellen würde; er hatte die Hoffnung, die „deutsche Revolution" auszulösen, auf die er seit drei Jahren gewartet hatte.

Mit Ausnahme der NSDAP forderte Kahr am 8. September alle nationalen Gruppen auf, zu einer Versammlung in eines der größten Münchener Bierlokale zu kommen, den Bürgerbräukeller. Die Versammlung war in vollem Gange, als sie von Hitler und einer kleinen Anzahl von Anhängern – unter ihnen Göring und Heß – gewaltsam unterbrochen wurde.

Inmitten eines großen Aufruhrs schoss Hitler eine Pistolenkugel aus seiner Browning an die Decke, proklamierte den Ausbruch der nationalen Revolution und seine Person als Führer der neuen Reichsregierung. In einer melodramatischen Szene,

die er häufig wiederholen sollte, verkündete er, im
Falle eines Fehlschlags Selbstmord begehen zu wollen. Ferner warnte er, dass jeglicher Widerstand
sinnlos sei, da das Gebäude von Männern mit Ma-
schinengewehren umstellt wäre.

Kahr und seine konservativen Anhänger protestierten vehement und weigerten sich zunächst, Hitler das Feld zu überlassen. Aber sie kapitulierten,
als Ludendorff in voller Uniform eines kaiserlichen
deutschen Generals hereintrat und Hitler seine bedingungslose Unterstützung bekundete. Im Anschluss an die Bekanntmachung, dass eine neue
Reichsregierung gegründet worden sei, an der auch
Ludendorff, Lossow und Seisser beteiligt seien und
Kahr als Generalbevollmächtigter für Bayern eingesetzt worden sei, wurde dem Kahr-Lossow-Seisser-
Triumvirat gestattet, nach Hause zu gehen. Unverzüglich gaben diese den Druck von Plakaten in
Auftrag, auf denen sie mitteilten, dass sie unter
Gewaltandrohung gezwungen worden waren, der
Neugründung der Regierung zuzustimmen.

Nach dem Abfall der Partner war am darauf folgenden Tag das Scheitern dieses inszenierten Staats-
streiches offensichtlich. Doch in einem verzweifelten
Versuch, das Blatt zu wenden, befahl Hitler der SA,
durch die Straßen von München zu ziehen. Die bayerische Polizei stoppte den Demonstrationsmarsch
kurz vor der Feldherrnhalle. Es kam zu einem Schuss-
wechsel, bei dem 14 Nationalsozialisten und zwei

Polizisten erschossen wurden. Die blutgetränkte
Hakenkreuzfahne – die so genannte „Blutfahne" –
war das geheiligte Überbleibsel der Partei und am
9. November wurde fortan jährlich an den „Helden-
tag" erinnert.

Hitler wurde festgenommen und am 1. April
1924 vor Gericht gestellt. Der Hochverratsprozess
war eine einzige Farce, wie es auch für viele ähnliche
Verhandlungen gegen Extremisten des rechten La-
gers während der Weimarer Republik typisch war.
Das Gericht war von Hitlers Patriotismus, Idealis-
mus und seiner Courage angetan und verurteilte ihn
zu lächerlichen fünf Jahren Festungshaft im Lands-
berger Gefängnis mit möglicher vorzeitiger Begnadi-
gung bei guter Führung. Hitler verbrachte ganze
13 Monate in Landsberg, wo er bescheiden, aber be-
quem lebte und viel Zeit hatte, *Mein Kampf* zu
schreiben. Die NSDAP wurde verboten.

1924 bis 1930: Neugründung der Partei

Das klägliche Scheitern seines Putschversuches
überzeugte Hitler davon, einen legalen Weg für die
Machtergreifung suchen zu müssen und lieber auf
Wahlurnen als auf Maschinengewehre zu setzen.
Dies zu erreichen, musste die NSDAP, die er zwei
Monate nach seiner vorzeitigen Haftentlassung im
Februar 1925 während einer Versammlung im Bür-

gerbräukeller neu begründet hatte, landesweit organisiert werden. Sie musste sich eindeutig von anderen völkischen Gruppen distanzieren und vollkommen Hitlers Willen unterworfen sein.

Im März 1925 erfuhr Hitler einen weiteren
Rückschlag, als die bayerische Regierung ihm öffentliche Auftritte untersagte. Diesem Verbot schlossen
sich die meisten anderen deutschen Landesregierungen an. Die Partei zählte weniger als 30 000 Mitglieder und wurde von einer Anzahl kleiner Gruppen zusammengehalten, die aus diversen Phantasten und
Hitzköpfen bestanden und die alle einen eigenen
Führungsanspruch geltend machten. Trotz seiner
beispiellosen Demagogie konnte Hitler die Volksmassen nicht länger mitreißen und mobilisieren. Die
durch starke Zersplitterung in ihrem Fortbestand bedrohte Partei konnte lediglich durch straffe Organisation zusammengehalten werden. Doch Hitler hatte
kein Organisationsinteresse oder kein Organisationstalent und überließ diese langweilige Arbeit
seinen Untergebenen. Von diesen war der Wichtigste
Gregor Strasser; neben seiner Parteileiterfunktion in
Norddeutschland stand er der *Arbeitsgemeinschaft
Nordwest* vor, einem Zusammenschluss der nord-
und westdeutschen Gauleiter. Zusammen mit seinen Kollegen im Norden gründete Strasser eine linke
Splittergruppe innerhalb der Partei, die den „Sozialismus" im Nationalsozialismus besonders betonte.
Propagiert wurde ihre Anschauung durch die von

Joseph Goebbels herausgegebenen *Nationalsozialistischen Briefe* und die Zeitschrift *Der Nationalsozialist*, deren Herausgeber Gregor Strassers Bruder Otto war.

Trotz aller Faszination dieses linken Parteilagers war Gregor Strasser ein Pragmatiker mit hervorragenden Verbindungen zu den Großindustriellen an Rhein und Ruhr. Seine Meinungsverschiedenheiten mit Hitler waren taktischer Art – obwohl mit ideologischen Begriffen umschrieben – und wenige übertrafen ihn in seinem leidenschaftlichen Rassismus und Antisemitismus. Er glaubte, eine gut funktionierende Administration wäre der Schlüssel zum Erfolg, während Hitler auf die Macht der Persönlichkeit, starke emotionale Propaganda, endlosen Kampf und rastlose Bewegung setzte.

Während einer Parteiversammlung im Februar 1926 in Bamberg widersetzte sich Hitler Gregor Strasser, der eine drastische Überarbeitung des hoffnungslos naiven Parteiprogramms vorgeschlagen hatte. Dieses Programm aus 25 Punkten war am 24. Februar 1920 von Anton Drexler vorgelegt worden und sollte unveränderlich sein. Hitler wollte keinen Streit über feinere Ausformulierungen der Ideologie, zumal er sich selbst als alleinigen Gebieter über diese Angelegenheiten sah. Strasser grollte Hitler wegen seiner rückschrittlichen Ansichten, doch konnte er ihm auch nicht offen entgegentreten. Stattdessen baute er die Partei in Norddeutschland mit großem Erfolg weiter auf. Goebbels, der Gregor Strasser zwar persönlich verabscheute, mit seiner Politik aber weitestgehend in Einklang stand, ließ sich vollkommen von Hitlers Ansichten überzeugen und blieb dessen leidenschaftlicher Gefolgsmann bis zu ihrer beider Tod im Berliner Bunker.

Anfang 1925 geriet Hitler in eine Konfrontation mit der SA, in der er sich besonders auf die Unterstützung von Gregor Strasser verlassen konnte. Während Ernst Röhm aus der SA eine unabhängige paramilitärische Streitkraft machen wollte, die eng mit ähnlichen Organisationen zusammenarbeitete, bestand Hitler darauf, dass sie ihre bisherige Rechtsform beibehielte und bedingungslos dem politischen Willen der Partei unterstellt wäre – damit letztendlich ihm als Führer. Hitler konnte ein weiteres Mal triumphieren, was Röhm zum Anlass nahm, Deutschland den Rücken zu kehren und eine Stellung als Militärinstrukteur bei der bolivianischen Regierung anzunehmen.

Gregor Strasser war ein Organisationstalent. Trotz vieler ungeklärter Meinungsverschiedenheiten mit Hitler arbeitete er unermüdlich am Aufbau der Partei. Es ist größtenteils auf ihn zurückzuführen, dass Hitler unter seiner Leitung auf einen so straff strukturierten politischen Apparat bauen konnte. Der Sitz der Partei befand sich in München, und ganz Deutschland war in 30, später 36 Gaue gegliedert, von denen jeder von einem Gauleiter ge-

führt wurde. Viele Gauleiter wurden von Gregor
Strasser ernannt, doch bekannten alle ihre uneingeschränkte Loyalität gegenüber ihrem Führer. Jeder
Gau war in Ortsgruppen eingeteilt, denen ein Orts-
gruppenleiter vorstand. Die Ortsgruppen waren wiederum in Zellen mit jeweiligem Zellenleiter aufgeteilt. Die kleinste organisierte Einheit war der Block
mit dem Blockleiter, dessen Aufgabe es war, seine
Nachbarn genau zu beobachten. Eine Menge weiterer Organisationen wurde außerdem gegründet, wie
der *Nationalsozialistische Deutsche Studentenbund* (NSDStB) 1926, der *Nationalsozialistische
Rechtswahrerbund* 1928, der *Nationalsozialistische
Deutsche Ärztebund* im folgenden Jahr und die
Nationalsozialistische Betriebszellenorganisation
(NSBO) 1930. Organisationen besonderer Art wurden für außenpolitische Angelegenheiten, rechtliche
Fragen und die Presse vorgesehen.

Trotz aller Gliederungen und Splittergruppen
wurde die Partei durch die untertänige Ergebenheit
gegenüber Hitler zusammengehalten. Selbst Gregor
Strasser stand uneingeschränkt hinter Hitler und
diesem Personenkult, obwohl es taktische und ideologische Meinungsverschiedenheiten zwischen den
beiden gab. Alle Parteigenossen (PGs) hatten sich
fortan mit „Heil Hitler!" zu begrüßen und die Ju-
gendorganisation der NSDAP wurde als *Hitler-Ju-
gend* (HJ) bezeichnet. Goebbels entwickelte einen
fast religiösen Führerkult und versteckte innenpoli-

tische Konflikte geschickt durch den Einsatz propa-
gandistischer Mittel.

Hitler kann als perfektes Beispiel für das gesehen werden, was Max Weber als „charismatische
Herrschaft" bezeichnete: Weder erbte er seine Position, noch erlangte er sie auf formalem, legitimem
oder bürokratischem Weg. Sie war eine vollkommen
persönliche Macht und basierte auf dem verbreiteten Bedürfnis der Volksmassen nach einem Retter,
einem Helden und einer Botschaft. Trotz seines mäßigen Intellekts besaß er die Fähigkeit, die idealistische Zukunftsvision einer neuen Gesellschaft zu
vermitteln, die viele Millionen Menschen berührte.
Hitler war ein „terrible simplificateur", ein schreck-
licher Vereinfacher, der aus dem Nichts kam und
sich als ein Parsifal oder ein Siegfried gab. Er war ein
erhabener Einfaltspinsel, der Rettung aus einer tief
empfundenen Krise versprach, indem er die Komple-
xität der modernen Gesellschaft missachtete und
sich auf das angeblich Wesentliche konzentrierte:
die Nation, die Rasse, die Judengefahr, den Bolschewismus und den Bedarf an „Lebensraum". Sicher
stieß dies nicht auf allgemeine Zustimmung. So
wurde Hitler 1928 in Deutschlands anerkannter
Frankfurter Zeitung als Dämon beschrieben, der von
verrückten Ideen atavistischer Herkunft angetrieben
würde, ein gefährlicher Narr aus der Zeit der Völker-
wanderung.

Ein charismatischer Führer konnte sich nicht er-

lauben, irgendeiner Organisation untergeordnet zu
sein, und somit widersetzte er sich allen Versuchen
Strassers, eine geordnete bürokratische Kommando-
struktur innerhalb der Partei zu schaffen. Er umgab
sich mit einer Anzahl getreuer Gefolgsmänner, die
ihm in unbedingter Treue ergeben waren und als
Mittler zwischen dem Führer und seiner Partei fun-
gierten. In der Partei gab es zwischen den einzelnen
Persönlichkeiten und den Gruppen einen ständigen
Kampf um die Macht, den nur die Stärksten über-
standen. Hitler unterstützte diesen chaotischen Zustand, der ihn heraushob und ihn damit über den
kleinlichen Streitigkeiten stehen ließ. Zudem gefiel
ihm diese besondere politische Form der „natürlichen Auslese". Allerdings wäre die NSDAP ohne
Strassers Organisationstalent niemals eine Massen-
partei geworden und Hitler wäre niemals zum
Reichskanzler ernannt worden. Als Strasser 1932 aus
der Partei gedrängt wurde, ergaben sich erneut par-
teiinterne Streitigkeiten, die sich jedoch erübrigten,
als Hitler an die Macht kam.

Die erste große Probe für die neue Partei stellte
die Wahl des Reichspräsidenten nach dem plötz-
lichen Tod von Friedrich Ebert im Februar 1925 dar.
Im ersten Wahlgang favorisierte die NSDAP General
Ludendorff, der nur 285 000 Stimmen erhielt. Dies
war ein enttäuschendes Ergebnis, das sich jedoch für
Hitler als vorteilhaft herausstellte, da damit der einzige ernst zu nehmende Kandidat der extremen

Rechten wegfiel. Die NSDAP konnte dann im Jahr 1928 bei den Reichstagswahlen 2,6 Prozent der Stimmen gewinnen und erhielt dadurch 12 Sitze. Ende 1929 stellte die Partei 48 Abgeordnete in allen Länderparlamenten zusammengenommen.

1930 bis 1933: Der Weg zum Sieg

Der überraschende Durchbruch der NSDAP bei den Reichstagswahlen im Jahr 1930 war ein direktes Ergebnis der wirtschaftlichen und politischen Krise, die die Weimarer Republik in die Knie gezwungen hatte. Die verheerenden Auswirkungen der Depression, die bereits im Winter 1928 zu spüren waren, standen in Verbindung mit einer politischen Krise, die mit der Abschaffung normaler parlamentarischer Verfahren und Herrschaft durch Verordnung des Reichspräsidenten endete. Der Reichstag kam im Jahr 1932 an ganzen 13 Tagen zusammen. Das demokratische System funktionierte nicht länger und auch der bürokratische Apparat konnte diesen Prozess nicht aufhalten. Millionen deutscher Bürger waren arbeitslos und hatten jegliche Hoffnung auf eine bessere Zukunft aufgegeben. Die Nationalsozialisten nutzten die Zukunftsangst, Sorge und Verzweiflung der Volksmasse aus. Sie machten den Friedensvertrag von Versailles, die „Novemberverbrecher", die parlamentarische Demokratie, die

Kommunisten und die Juden für die aktuellen miserablen Zustände verantwortlich. Sie versprachen eine starke Führung und radikale Maßnahmen, die Deutschland in eine glanzvolle Zukunft führen würden. Das deutsche Volk war weder überrascht oder verblüfft über Hitler noch in seinen Bann gezogen. Allerdings verkörperte er die Vision, die Führerschaft, die Entschlossenheit und die Art der Gemeinschaft, nach der sich das Volk sehnte.

Die NSDAP war zweifelsohne Hitlers Partei, doch hätte er ohne die devote Unterstützung seiner begabten Untergebenen niemals diesen Erfolg gehabt. Goebbels widmete seine außerordentlichen Talente als Propagandist dem Führerkult. Gregor Strasser versah die Partei mit einer organisierten Struktur, welche die Position des Führers verstärkte, aber auch die Mitgliedschaft disziplinierte und Massendemonstrationen, Märsche und Versammlungen ermöglichte. Diese wiederum halfen dabei, den Eindruck zu vermitteln, dass der Nationalsozialismus eine pulsierende, kraftvolle und dynamische Bewegung war, die in scharfem Kontrast zu den abgewirtschafteten traditionellen Parteien der Weimarer Republik stand.

Die Mehrheit der Deutschen war noch immer weitgehend immun gegen die verführerischen Rufe des Nationalsozialismus, zumindest in den Jahren vor 1933. Seine Kirchenfeindlichkeit, seine heidnischen Rituale und Hitlers messianischer Anspruch entsetzten die meisten Katholiken. Die Mehrheit der Arbeiterklasse blieb den Sozialdemokraten und Kommunisten treu, obwohl seit 1930 zunehmend Arbeiter aus kleinen Betrieben sowie unabhängige Handwerker, die vorher politisch nicht aktiv gewesen waren, in die Partei strömten. Viele Konservative hatten ernste Vorbehalte gegen Hitler. Sie taten ihn als einen vulgären Emporkömmling ab und waren von seinen absurden Wirtschaftsideen und seiner Billigung der gesetzeswidrigen Gewaltanwendungen durch die SA entsetzt. Demgegenüber sehnten sich aber auch viele Angehörige der Oberschicht nach einer autoritären Lösung der Probleme Deutschlands. Hitlers Beteuerungen jedoch überzeugten sie davon, dass seine eher radikalen Ideen lediglich dazu dienten, Stimmen zu gewinnen und nicht ernst zu nehmen wären.

Paradoxerweise war die im katholischen Bayern gegründete Partei, die noch immer ihre Zentrale in München hatte, im protestantischen Norden und Osten am erfolgreichsten, vor allem in ländlichen Gegenden. Jene, die am stärksten von der Depression betroffen waren, die jegliche Hoffnung auf eine Zukunft verloren hatten, die das parlamentarische System, das so jämmerlich versagt hatte, verachteten und jene, die den Sozialismus als abstoßend empfanden, konnten leicht für die NSDAP gewonnen werden. Dazu zählten viele kleinere Staatsbeamte, einfache Geschäftsleute, Bauern und Angestellte. In den

Jahren zwischen 1930 und 1932 gehörten 54,9 Prozent der Parteimitglieder dem Kleinbürgertum an. Im Gegensatz dazu entstammten 35,9 Prozent der unteren Schicht und 9,2 Prozent der Oberschicht.

Darüber hinaus gehörten der NSDAP, ähnlich wie der Kommunistischen Partei (KPD), sehr viele junge Leute an. Die meisten Mitglieder waren Männer. Man glaubte, dass Hitlers Erfolg auf die Verherrlichung der Frau zurückzuführen war. Tatsächlich waren es nur 7,8 Prozent Frauen, die in den Jahren zwischen 1925 und 1932 der Partei beitraten. 1930 waren 70 Prozent der Parteimitglieder jünger als 40 Jahre und 37 Prozent jünger als 30 Jahre. Hitler selbst war 41, Göring 37, Goebbels 33 und Himmler 30 Jahre alt.

Die Mitglieder der Partei kamen aus allen Lebensbereichen. Die NSDAP konnte sich als wirkliche Volkspartei darstellen, als Partei für das gesamte deutsche Volk. Ihre Jugendlichkeit ließ sie als einen dynamischen und idealistischen Vorboten einer glänzenden Zukunft erscheinen. Ihre Wähler kamen aus allen Gesellschaftsschichten, wobei der harte Kern der Unterstützer aus der städtischen unteren Mittelklasse und dem Bauerntum stammte. 1930 begannen Angestellte und Rentner in großer Zahl für die NSDAP zu stimmen und viele Mitglieder aus der Oberschicht überwanden ihre vorherigen Bedenken und unterstützten die Partei. In den großen Städten, wo Kommunisten und Sozialdemokraten ihren Anteil der Stimmen behielten, war sie weniger erfolgreich. Ähnlich war es in katholischen Gebieten, wo die Wähler der katholischen *Zentrumspartei* („Zentrum") treu blieben.

Eine ausgedehnte und komplexe Organisation wie die NSDAP benötigte viel Geld. Bis zu ihrem Durchbruch im Jahr 1930 wurde die Partei vorwiegend durch Mitgliederbeiträge, Eintrittsgelder großer Parteiveranstaltungen und Spenden bei Versammlungen finanziert. Ferner kamen Spenden von wohlhabenden Sympathisanten und kleinen Geschäftsleuten hinzu. So erhielt die Partei in den Anfangsjahren nur wenig Geld aus den Kreisen der Großindustrie. Fritz Thyssen und Paul Silverberg stellten Ausnahmen dar. Die meisten Industriellen unterstützten die Idee einer autoritären Regierung, die von Franz von Papen und Kurt von Schleicher geführt wurde, und die das Parlament und Vorschriften mit Hilfe von Verordnungen des Reichspräsidenten umgehen würden. Indem diese Industriellen dazu beitrugen, die parlamentarische Demokratie zu zerstören, halfen sie, den Weg für Adolf Hitler zu ebnen. Als er an der Macht war, konnte er mit ihrer vollen Unterstützung rechnen.

Der große Durchbruch kam 1929, als Hitler sich dazu entschloss, mit der konservativen *Deutschnationalen Volkspartei* (DNVP) und der rechten Vereinigung von Soldaten des Ersten Weltkriegs *Stahlhelm* ein Referendum gegen den Young-Plan in die

Wege zu leiten, welcher die endgültige Beilegung der deutschen Reparationsverpflichtungen vorsah. Für viele, vor allem linksgerichtete Nationalsozialisten galt dies als Verrat an den Parteiprinzipien. Die Führerschaft verhandelte nun mit Männern, die sie zuvor als „Plutokraten" und „Reaktionäre" angeprangert hatte, und das antikapitalistische Parteiprogramm musste zusammen mit der Hoffnung aufgegeben werden, die Arbeiterklasse von den beiden linken, den so genannten „marxistischen Parteien" zu entfremden. Doch die positive Entwicklung infolge dieser dramatisch veränderten Vorgehensweise war eindrucksvoll. Obwohl nur 14 Prozent der Wahlberechtigten für das Referendum gestimmt hatten, waren die Nazis respektabel geworden. Jene, die ernste Bedenken gegenüber der radikalen Haltung der Partei gehabt hatten, traten nun in Scharen bei. Alleine im November 1929 wurden 19 000 neue Mitglieder registriert und innerhalb weniger Wochen zählte die Partei 200 000 Mitglieder.

Die NSDAP verdreifachte ihre Stimmenzahl bei den regionalen Wahlen in Thüringen, wo Wilhelm Frick – einer der Hitler-Anhänger aus seinem zwielichtigen engeren Kreis – das Amt des Reichsinnenministers übernahm. Er machte sich sofort daran, eine der interessantesten deutschen Kunstschulen, das Bauhaus, zu schließen, die er als Schlupfwinkel für „jüdisch-bolschewistische" Kunst betrachtete. Außerdem richtete er an der

Universität Jena einen „Lehrstuhl für Rassenfragen und Rassenkunde" ein.

Im September 1930 fanden Reichstagswahlen statt, nachdem es Reichskanzler Heinrich Brüning nicht gelungen war, eine ausreichend große Zustimmung für seine Sparmaßnahmen zu gewinnen und sich der Reichstag weigerte, den Grundlagen für eine Notverordnung unter Artikel 48 der Weimarer Reichsverfassung zuzustimmen. Die NSDAP führte einen brillanten Wahlkampf, indem sie zum einen versprach, dem endlosen Gezänk der diskreditierten politischen Parteien ein Ende zu bereiten und zum anderen ein anschauliches Bild von einer klassenlosen, vor Kraft strotzenden und eng verbundenen Gesellschaft, der „Volksgemeinschaft", zeichnete. Darüber hinaus versprach sie eine dynamische Führung und hatte in Adolf Hitler einen mitreißenden Redner, der unermüdlich durch ganz Deutschland reiste und sich an eine große Menge begeisterter Neuwähler wandte.

Das Ergebnis übertraf selbst Hitlers größte Erwartungen. Die Zustimmung für die NSDAP stieg beinahe auf das Neunfache. Die Partei bekam nun 18,3 Prozent der Stimmen und errang nunmehr 107 anstelle der bislang nur 12 Mandate. Mit 82 Prozent war die Wahlbeteiligung ungewöhnlich hoch und viele Erstwähler gaben ihre Stimme der NSDAP. Die großen Verlierer hingegen waren die Parteien der Bourgeoisie: die Konservativen (DNVP), die *Deut-*

sche Demokratische Partei (DDP) und die *Deutsche Volkspartei* (DVP). Hier wechselten Wähler eindeutig zu einer Partei, die jetzt als geeignet für eine achtbare Gesellschaft galt. Weitere große Gewinner waren die Kommunisten mit 13,1 Prozent der Stimmen, was den Nazis ebenfalls zugute kam. Das Wahlergebnis war ein Beweis für das Versagen des parlamentarischen Systems. Die Politik war so stark polarisiert worden, dass viele zu glauben begannen, sich entweder für die Nazis oder für die Kommunisten entscheiden zu müssen. Für sie gab es keine wirkliche Wahl.

Die politische Landschaft in Deutschland war durch diese Wahlergebnisse grundlegend verändert worden. Vor September 1930 sehnten sich viele nach der guten alten Zeit der Monarchie als einer Alternative zur parlamentarischen Demokratie. Nun schien die Alternative in einer Verfassungsänderung hin zu einer autoritären Struktur oder einer gänzlichen Diktatur zu liegen. Die rechtsgerichteten Parteien und die Reichswehr hofften, dass die Nationalsozialisten einer Koalitionsregierung zustimmen würden, in der sie zu einer Mäßigung ihrer Ansichten verpflichtet waren. Wie der bedeutende sozialdemokratische preußische Ministerpräsident Otto Braun fragten sich auch andere, wie man der Nazibedrohung am besten entgegentreten könnte. Die Zentrumspartei, die eine der großen Unterstützter der Weimarer Demokratie war, war unter Ludwig Kaas – einem Priester, der die

Sozialdemokraten verabscheute und eine Annähe-
rung an die Konservativen suchte – sehr stark nach
rechts gerückt. Die katholischen Bischöfe waren
noch immer entschlossen, ihre Distanz zu wahren
und veröffentlichten eine Anzahl von Streitschriften
gegen den Nationalsozialismus. Die Kommunisten
nahmen eine gleichgültige Haltung ein. Sie sahen die
Nazis lediglich als eine weitere kapitalistische Partei
an, die sich nicht von den anderen Parteien unterschied, auch nicht von den Sozialdemokraten. Somit
waren die Sozialdemokraten die einzige Partei, die
die Demokratie in Deutschland hätte retten können;
doch zu viele Sozialisten waren ideologisch stur und
hatten Einwände gegen die Idee einer Kooperation
mit bürgerlichen Parteien.

Neue Anhänger traten den Nationalsozialisten
bei, als die wirtschaftliche und politische Krise sich
verfestigte, doch brachte dies Hitler in eine immer
seltsamere Position. Die Erwartungen der Parteigenossen waren hoch, doch war es schwer ersichtlich,
wie er diesen gerecht werden könnte. Er lehnte es ab,
jeglicher Koalition als Juniorpartner zu dienen und es
erschien unwahrscheinlich, dass er die Macht auf
legalem Weg erlangen könnte. In den Reihen der SA
gab es viele, die die revolutionäre Gewalt als einzigen Ausweg ansahen.

Anfangs war der Gefreite Hitler unsicher gewesen, ob er in den im April 1932 stattfindenden
Reichspräsidentschaftswahlen gegen den Feldmar-

schall Hindenburg antreten sollte. Er zauderte einen
Monat lang, womit er seine Anhänger in die Verzweiflung trieb, bevor er sich letztlich entschied. Zuerst musste er jedoch deutscher Staatsbürger werden.
Dies wurde erreicht, als er zum Regierungsrat mit
Dienstpflicht als Sachbearbeiter in Braunschweig ernannt wurde. Indem er Staatsbeamter wurde, bekam
er automatisch die deutsche Staatsbürgerschaft. Erneut betrieb er einen unermüdlichen und brillanten
Wahlkampf, in dem er diesmal per Flugzeug und an-
gehängtem Banner mit dem wirkungsvollen Wahl-
spruch „Hitler über Deutschland" das ganze Land be-
reiste. Hitler gewann 36,8 Prozent der Stimmen,
Hindenburg 53 Prozent. Das war ein erstaunliches
Ergebnis, doch kam es ungeduldigen radikalen Nazis
wie eine Niederlage vor.

Am 1. Juni 1932 ernannte Reichspräsident Hin-
denburg Franz von Papen zum Reichskanzler. Da die
NSDAP zusammen mit den Kommunisten eine
Mehrheit der Abgeordneten im Reichstag hatte,
musste er mit Notverordnungen regieren. Sein
„Neuer Kurs" war ein abstruses reaktionäres Programm, das auf den wirren Grübeleien des Österrei-
chers Othmar Spann beruhte. Es hatte vor, den „Kul-
turbolschewismus" zu entwurzeln, die „christlichen
Prinzipien" durchzusetzen und die parlamentarische
Regierung durch eine Gesellschaft zu ersetzen, deren
Grundlage die Ständeordnung sei. Am 20. Juli mach-
te er den dramatischen und verfassungswidrigen

Schritt, die preußische Regierung, die von dem Sozialdemokraten Otto Braun geführt wurde – einem entschiedenen Gegner der Nationalsozialisten – unter dem Vorwand abzusetzen, dass diese angesichts der zunehmenden politischen Gewalt nicht für Recht und Ordnung garantieren könne. Papen selbst übernahm das Amt des preußischen Ministerpräsidenten und benannte einen Kommissar, der das Amt des Innenministers zu übernehmen hatte. Deutschlands größtes Land wurde jetzt von Berlin aus regiert. Preußische Funktionäre, die mit der Demokratie sympathisierten, wurden kurzer Hand entlassen und durch treue Konservative ersetzt.

Im Juni hob Papen auch das Verbot der SA auf, welches Brüning und Wilhelm Groener im April durchgesetzt hatten. Das Ergebnis war eine weitere Welle der Gewalt, die Deutschland an den Rand eines Bürgerkrieges drängte. In dieser angespannten Atmosphäre veranlasste Papen im Juli Reichstagswahlen. Die NSDAP konnte ihren Stimmenanteil auf 37,3 Prozent mehr als verdoppeln und bekam 230 Mandate, was sie weit vor der zweitgrößten Partei – der SPD mit 133 Mandaten – zur größten Fraktion werden ließ. Doch war dies noch nicht genug. Goebbels machte in seinem Tagebuch Aufzeichnungen darüber, dass die Partei niemals eine Mehrheit gewinnen würde und daher einen anderen Weg der Machterlangung finden müsste. Die Partei musste entweder den Weg der Legalität aufgeben oder sich mit einer Machtteilung zufrieden geben. Gregor Strasser warnte davor, dass die Partei keine ausreichenden finanziellen Mittel habe und schlug vor, sich auf die Bildung einer Koalition zu konzentrieren.

Am 13. August gewährte der Reichspräsident Hitler eine kurze Unterredung, in der Hindenburg schlichtweg ablehnte, ihn zum Reichskanzler zu ernennen. Kurz darauf veröffentlichte Papens Regierung eine amtliche Verlautbarung von Hindenburg, in der der betagte Reichspräsident verkündete, dass er vor „Gott, meinem Gewissen und dem Vaterland" nicht verantworten könnte, einem Mann wie Hitler, der darauf versessen sei, eine Diktatur zu errichten, das Amt des Kanzlers zu übertragen.

Papen führte seine Pläne für einen „neuen Staat" fort, hatte aber so gut wie keinen Rückhalt im Reichstag. Die SA wurde zunehmend frustrierter und gewalttätiger. Die Gewerkschaften planten einen Generalstreik, um ihren Protest gegen die Sparmaßnahmen auszudrücken. In einem verzweifelten Versuch, die parlamentarische Bestätigung für sein autoritäres Vorhaben zu bekommen, beraumte Papen eine weitere Wahlrunde im November ein. Diesmal erlitten die Nazis einen ernsthaften Einbruch an Wählerstimmen. Ihr Stimmenanteil fiel von 37,3 auf 33,1 Prozent. Dies war zum Teil auf ihre Billigung des von den Kommunisten angeführten Streikes der Berliner Transportarbeiter zurückzuführen, womit sich die Nazis klar von der „reaktionären" DNVP distanziert hatten. Die Kommunisten erhöhten ihren Anteil von 14,3 auf 16,9 Prozent der Stimmen. Die antidemokratischen Parteien verfügten zusammen über 50 Prozent der Stimmen und konnten damit noch immer jeden Antrag im Reichstag ablehnen. Papen war es damit unmöglich, seinen „neuen Staat" zu schaffen.

General Kurt von Schleicher, ein politischer Intrigant, auf den der Präsident hörte und der maßgeblich an der Sicherstellung von Papens Ernennung beteiligt gewesen war, entschied sich nun, seinen Schützling fallen zu lassen. Anfang Dezember ließ er sich selbst zum Reichskanzler ernennen. Er hoffte, eine breite Koalition eingehen zu können, die sowohl die Gewerkschaften einschließen würde, als auch die linksgerichteten Nazis um Gregor Strasser, dem er das Amt des Vizekanzlers anbot. Seine Regierung würde in Deutschland mit einem kühnen Programm öffentlicher Ausgaben wieder Arbeitsplätze schaffen und würde die Wohlfahrtsprogramme wiederherstellen, die Papen abgeschafft hatte.

Strasser war geneigt, das Amt anzunehmen. Hitler verfiel in Panik, weil er befürchtete, die Kontrolle über seine Partei zu verlieren und sprach eine weitere dramatische Selbstmorddrohung aus. Das Gefühl von Resignation und Hilflosigkeit, welches in der deutschen Gesellschaft weit verbreitet war, begann sich in der Partei auszuwirken. Es gab bedrohliche Anzeichen dafür, dass die Partei auseinander brechen könnte. Unterstützt von Goebbels und Göring gewann Hitler jedoch seine Fassung zurück und wurde wieder aktiv. Gregor Strasser wurde mutlos und gab sein Ansinnen auf; er trat von allen Ämtern in der Partei zurück. Die Gewerkschaften trauten Schleicher nicht und verweigerten ihre Kooperation. Die Bauern und die meisten der einflussreichen Industriellen waren davon überzeugt, Schleichers Programm wäre zu sozialistisch und sahen in Hitler eine praktikable Alternative. Reichskanzler Schleicher hatte demzufolge fast keine Unterstützung mehr und Papen sah die Aussicht auf eine Revanche gekommen. Durch diese unglückliche Verstrickung politischer Umstände war Hitler kurz davor, an die Macht zu kommen – quasi ein „tragischer Unfall" zu werden.

Papen stellte sich vor, Hitler in seiner offenbar unsicheren Position manipulieren zu können. Die Nazis hatten in den Novemberwahlen einen herben Rückschlag erlitten und die Partei wurde durch die Strasser-Affäre und die wachsende Ungeduld der SA weiter geschwächt. In Leitartikeln führender Zeitungen wurde geäußert, die Zeit des Nationalsozialismus sei vorüber. Einige führende Nazis gaben niedergeschlagen zu, dass die Leitartikler wahrscheinlich Recht hatten.

Am 4. Januar traf Papen Hitler im Hause eines gemeinsamen Bekannten, des Kölner Bankiers Baron

Kurt von Schröder. Er bot ihm die Reichskanzler-
schaft in einem Koalitionskabinett an. Es erschien
wie eine hoffnungslose Geste: Papen hatte praktisch
keine Unterstützung mehr, seine Karriere bestand
bis zu diesem Zeitpunkt aus einer Serie erheblicher
Misserfolge, und Hindenburgs große Abneigung gegen Hitler war allgemein bekannt. Doch in konservativen Kreisen erregten Schleichers „sozialistische" Experimente zunehmend Besorgnis. Einige
führende Generäle – allen voran Werner von Blomberg – waren alarmiert von Schleichers Vorschlag,
dass eine militärische Diktatur für eine vorübergehende Lösung sorgen könnte. Sie sympathisierten
mit einer Hitler-Papen-Regierung. Hitler versprach
immerhin die Wiederaufrüstung, eine Vergrößerung
der Reichswehr und eine streitbare Außenpolitik.
Anderen Generälen waren der pöbelhafte Radikalis-
mus der Nazis und die gesetzeswidrige Gewalt zuwi-
der. Sie standen der SA zutiefst misstrauisch gegenüber. Ein Skandal um finanzielle Hilfe für die Landwirtschaft im Osten Deutschlands – die so genannte
„Osthilfe" – hatte zur Folge, dass die Bauern Hitler
wohlwollender gegenüberstanden und Gehör beim
Reichspräsidenten fanden. Eine Hitler-Papen-Regierung würde eine Mehrheit im Reichstag erlangen
und wäre damit nicht mehr auf Notverordnungen
angewiesen. Man müsste kein verfassungswidriges
Handeln befürchten und sie barg auch nicht mehr
das potentielle Risiko eines Bürgerkrieges in sich.

Außerdem mochte Hindenburg Papen, den er „Fränzchen" nannte. Darüber hinaus war er der Meinung, dass Schleicher sein Amt nicht besser als sein Vorgänger Papen ausgeführt hatte. Am 28. Januar weigerte sich Hindenburg, nach Rücksprache mit Papen, Schleicher eine weitere Notverordnung zu gewähren. Er war entschlossen, eine Regierung zu ernennen, die auf einer parlamentarischen Mehrheit basierte und demzufolge ohne die Notwendigkeit des Artikels 48 regieren konnte. Eine Hitler-Regierung war jetzt so gut wie nicht mehr abzuwenden. Nach zwei Tagen heftiger Diskussionen, in denen der Reichspräsident davon überzeugt wurde, dass Hitlers Bemühungen um eine Einparteiendiktatur aufgrund fehlender parlamentarischer Unterstützung scheitern würde, wurde dieser schließlich am 30. Januar 1933 zum Reichskanzler ernannt.

2 Festigung der Macht

31. Januar 1933 bis 1. August 1934

Januar bis Juli 1933: Hitler als Reichskanzler

Die konservative Elite war darüber erfreut, dass es nur einen weiteren Nationalsozialisten in Hitlers erstem Kabinett gab: den zum Reichsinnenminister ernannten Wilhelm Frick. Die Konservativen kontrollierten somit nach wie vor den öffentlichen Dienst, die Reichswehr und die Justizgewalt und genossen die Unterstützung der Landwirte und Industriellen. Hitler dagegen sorgte als „Trommler" für eine Massenanhängerschaft, die ihnen bis dahin gefehlt hatte, und in deren Interesse Papen bekannt gab: „Wir haben ihn uns engagiert!" Er fügte hinzu: „Wir werden Hitler innerhalb von zwei Monaten so stark in die Ecke gedrängt haben, dass er quietscht" [zitiert nach K.-D. Bracher]. (Der Vorsitzende des Stahlhelms, Theodor Duesterberg, der sich weigerte, eine Position in Hitlers Kabinett anzunehmen, behauptete, dass man Hitler bald in Unterhosen durch den Garten der Reichskanzlei laufen sehen würde, um einer Verhaftung zu entgehen.) Es erschien wie eine sichere Lösung: Erfahrene und pflichtbewusste Konservative machten sich Hitlers Popularität, seinen Schwung und seine Dynamik zu Nutze.

Der Vorsitzende der DNVP und Wirtschaftsminister, Alfred Hugenberg, sollte bald zugeben, dass dies eine erstaunliche Fehleinschätzung der Situation war. Die konservative Elite übersah vollkommen die Tatsache, dass die Weimarer Republik hinter einer fadenscheinigen Fassade zusammenbrach. Die Gesellschaft befand sich inmitten einer tief greifenden Krise, und trotz all seiner moderaten Zusicherungen in den vorangegangenen Tagen war Hitler fanatisch dazu entschlossen, das existierende Staatssystem zu zerstören und eine eiserne Diktatur zu schaffen. Seine eindeutig dargestellte Absicht, baldmöglichst Wahlen einzuberufen, hätte ein ausreichender Hinweis für seine konservativen Verbündeten sein sollen, dass er sie ausschalten wollte, und dass seine Zusicherungen gegenüber der DNVP mit Vorsicht zu genießen waren. Die NSDAP konnte sich auf eine Massenanhängerschaft und eine hervorragende Propagandamaschinerie stützen und die SA wartete regelrecht darauf, ihre Gewalt – wann immer nötig – ausüben zu können. Kaum etwas konnte sie aufhalten.

Die zwei großen Arbeiterparteien, die Sozialdemokraten (SPD) und die Kommunisten (KPD), wurden am 30. Januar vollkommen überrascht. Beide Parteien waren davon überzeugt, dass Hitler nicht viel mehr als eine Marionette war, deren Fäden von bösen Kapitalisten gezogen wurden. In ihren Augen würde er schon bald keinen Nutzen mehr haben. So hielten die Kommunisten weiterhin an ihrer absurden Theorie des „Sozialfaschismus" fest, wonach nicht die Nazis als Hauptgegner des Proletariats galten, sondern die Sozialdemokraten. Die Sozialdemokraten hatten sich hingegen noch immer nicht von dem Schreck des Papen-Staatsstreichs gegen ihre Hochburg in Preußen am 20. Juli 1932 erholt. Ein Generalstreik war zu diesem Zeitpunkt der Depression mit Millionen von Arbeitslosen undenkbar. Derartige Animositäten zwischen der SPD und der KPD machten es unmöglich, eine gemeinsame antifaschistische Front zu bilden, selbst wenn beide Parteien die sie bedrohende tödliche Gefahr erkannt hätten. Die Sozialdemokraten wurden von einem Gefühl hilfloser Resignation übermannt. Die Kommunisten hingegen verharmlosten die Nazis als eine weitere kleinbürgerliche Partei.

Zur Zeit der Machtergreifung hatte die NSDAP etwa 850 000 Mitglieder. Sie veranstaltete eine Reihe von Fackelzügen und verkündete die „nationale Revolution". Skeptische Intellektuelle wie Harry Graf Kessler taten solche Demonstrationen als bloßen Karneval ab. Andere warteten beunruhigt auf die Ereignisse, die da kommen würden. Die meisten Deut-

schen verhielten sich dem gegenüber jedoch gleichgültig und es schien keine Eile zu bestehen, der Partei beizutreten. Erst nach der Märzwahl begann ein
buchstäbliches Gedrängel, sich dieser Erfolg verspre-
chenden Sache anzuschließen. Die Opportunisten,
die von der alten Garde geringschätzig als „Märzge-
fallene" bezeichnet wurden, waren so zahlreich, dass
sich die Mitgliederzahl bis Januar 1934 beinahe ver-
dreifacht hatte.

Hitlers erste Ankündigung seiner langfristigen
Ziele fand am 3. Februar hinter verschlossenen Tü-
ren vor einer Gruppe führender Generäle statt. Er
nahm dabei gewiss kein Blatt vor den Mund. Er versprach eine straffe autoritäre Staatsführung, die
Deutschland vom „Krebs" der Demokratie befreien
sowie Marxismus und Pazifismus ausrotten würde.
Darüber hinaus würde sie Deutschland durch die
„Wiederwehrhaftmachung", also die Aufrüstung und
die Einführung der allgemeinen Wehrpflicht, erneut
auf einen Krieg vorbereiten. In einer Unheil verkün-
denden Randbemerkung, die von den meisten seiner
Zuhörer offenbar bewusst wahrgenommen wurde,
sprach Hitler von einer „radikalen Germanisierung"
im Osten, um weiteren „Lebensraum" zu erobern.
Die Generäle, geprägt von ihrem latenten Antisemitismus, ihrer Abscheu vor „jüdischem Bolschewismus", ihrem Ehrgeiz, wieder aufzurüsten und den
Versailler Vertrag zu revidieren, wurden durch diese
Andeutungen in ihrer Haltung bestärkt. Trotz ihrer

überheblichen Geringschätzung einiger geschmack-
loser Aspekte des Nationalsozialismus standen sie
weitestgehend im Einvernehmen mit Hitlers Programm. Die meisten von ihnen taten dies bis zum
bitteren Ende.

Am 1. Februar 1933 erklärte sich Hindenburg
einverstanden, den Reichstag aufzulösen und Neu-
wahlen für den 5. März festzulegen. In der Zwischenzeit konnte Hitler Gebrauch von der Notverordnung
des Präsidenten nach Artikel 48 der Weimarer Verfassung machen. Er konnte auf große Unterstützung
zählen und bemerkte selbstzufrieden in der Kabi-
nettssitzung vom 1. Februar, dass dieses die letzte
Reichstagswahl sein und es keine Rückkehr zum
parlamentarischen System mehr geben würde.

Am 4. Februar nutzte Hitler den Aufruf der Kommunisten zu einem Generalstreik als Rechtfertigung
dafür, eine Notverordnung „zum Schutze des deutschen Volkes" durchzusetzen. Sie ermöglichte massive Einschränkungen der Presse- und Versamm-
lungsfreiheit, sollte „eine unmittelbare Gefahr für
die öffentliche Sicherheit" drohen, oder für den Fall,
dass „Organe, Einrichtungen, Behörden oder leitende
Beamte des Staates beschimpft oder lächerlich gemacht werden". Diese Notverordnung gestattete
Hitler und seinen Günstlingen nach freiem Ermes-
sen, die Oppositionsparteien während des Wahlkampfes zum Schweigen zu bringen. Einspruch gegen den ungeheuerlichen Missbrauch dieser Verord-

nung konnte zwar vor dem Reichsgericht erhoben
werden, doch wäre die Wahl zum Zeitpunkt der An-
hörung schon lange vorüber gewesen.

Hermann Göring benutzte die Verordnung in
Preußen, wo er zum Innenminister der Kommissari-
atsregierung ernannt worden war, bis zum Äußers-
ten. Nachdem der Reichsgerichtshof entschieden
hatte, dass Papens Staatsstreich vom Juli 1932 verfassungswidrig war, wurde die Regierung unter Otto
Braun wieder eingesetzt. Fortan gab es in Preußen
zwei Regierungen. „Zur Herstellung geordneter Re-
gierungsverhältnisse in Preußen" erließ Hitler daraufhin eine weitere Notverordnung des Reichspräsidenten und am 6. Februar wurde der preußische
Landtag erneut aufgelöst.

Obwohl Göring dem Reichskommissar von
Preußen, Franz von Papen, formell untergeordnet
war, schaltete er unverzüglich die wenigen verblei-
benden Demokraten in Spitzenstellungen der preußischen Verwaltung, der Polizei und der Justiz aus.
Die preußische Geheimpolizei wurde in ein gesondertes Geheimes Staatspolizeiamt (Gestapa) umge-
bildet und verselbständigt. Die Polizei wurde angewiesen, gänzlich mit der SA, der SS und dem Stahlhelm in einem kompromisslosen Kampf gegen die
Kommunisten zu kooperieren. Versammlungen aller
demokratischen Parteien wurden systematisch zerschlagen, Politiker wurden bis zu einem lebensbe-
drohlichen Zustand verprügelt und die gegnerische

Presse wurde zum Schweigen gebracht. Am 17. Februar wies Göring die Polizei in Form einer Verordnung an, wenn es nötig sei, durch den Gebrauch von Schusswaffen zu töten. Gleichzeitig garantierte er, dass jeder Polizeibeamte, der den Schusswaffengebrauch als notwendig erachtete, von ihm gedeckt werden würde.

Die SA erhielt die Vollmacht, Versammlungen republikanischer Parteien zu zerschlagen, Politiker zu verprügeln, Beamten zu drohen und willkürliche Festnahmen vorzunehmen. Ihre unglückseligen Opfer wurden in hastig improvisierte Konzentrationslager gebracht. So wurde beispielsweise der ehemalige Minister und Anhänger der Zentrumspartei, Adam Stegerwald, während einer Versammlung in Krefeld brutal niedergeschlagen. Auch der sozialdemokratische Polizeipräsident von Berlin, Albert Grzesinski, musste um sein Leben fürchten und wurde zum Rücktritt gezwungen. Ferner wurden die Büros einiger republikanischer Zeitungsredaktionen in Brand gesetzt. Insgesamt wurden während der fünf Wochen des Wahlkampfes 69 Tote und Hunderte von Schwerverletzen gezählt. Die SA nahm in den ersten Monaten 1933 an die 100 000 Menschen fest und tötete etwa 600. Es gab eine weit verbreitete Abscheu gegen diese Grausamkeit.

Hitler reiste unermüdlich durch ganz Deutschland und predigte seine simple Botschaft der nationalen Befreiung vor einer großen und begeisterten

Menschenmenge. Er verurteilte die „Novemberverbrecher", die er für die wirtschaftliche Misere, das
Politgezänk und die nationale Demütigung der vorangegangenen 14 Jahre verantwortlich machte. Er
versprach, das Land in einer entschlossenen „Volksgemeinschaft" zu vereinen, die alle Klassen und
Schichten überwinden würde. Die Wirtschaft würde
in zwei aufeinander folgenden Vierjahresplänen wieder belebt werden. „Nationale Wiedergeburt" würde
auf die Geltendmachung von Familienwerten und
christlicher Moral zurückzuführen sein. Er machte
keine konkreten Vorschläge, doch sprach er mit
solch äußerster Überzeugung und Leidenschaft, dass
die Menschenmassen glaubten, ihm vertrauen zu
können. In dieser emotional sehr aufgeladenen Atmosphäre kam es nicht auf ein sorgfältig ausgearbei-
tetes Programm an, sondern auf eine spontane und
leidenschaftliche Reaktion. Dem gegenüber stand
eine hoffnungslos gespaltene, demoralisierte und
eingeschüchterte Opposition, die nur gemäßigten
Widerstand leisten konnte.

Am 20. Februar teilte Hitler einer Gruppe führender Industrieller mit, dass die Märzwahl förmlich
die letzte Wahl sein würde, und dass er beabsichtigte, ohne Rücksicht auf das Wahlergebnis, einen star-
ken und unabhängigen Staat zu begründen. Zunächst müsste er die alleinige Macht erlangen, daran
anschließend würde er seine Gegner unschädlich
machen. Erfreut darüber, verhalfen die Industriellen

sogleich der Partei mit riesigen Geldspenden aus jeglicher finanzieller Not.

Um neun Uhr am Abend des 27. Februar zogen Rauchschwaden aus dem Dach des Reichstages. Kurz darauf wurde der geistig eingeschränkte holländische Anarchist Marinus van der Lubbe im Bismarck-Raum des Gebäudes festgenommen. Er gestand sofort, den Reichstag in Brand gesetzt zu haben. Die Nationalsozialisten waren überzeugt, dass diese Aktion Teil einer kommunistischen Verschwörung war. Ihre Gegner behaupteten dagegen, dass die Nazis selbst das Feuer gelegt hätten, um eine Rechtfertigung dafür zu finden, weitere Notverordnungen einzubringen. Die Kommunisten veröffentlichten kurz darauf das erste „Braunbuch", das vorgab, die Mittäterschaft der Nazis beim Reichstagsbrand zu beweisen; es erzielte eine große antifaschistische propagandistische Wirkung.

Die Behauptung der Nazis, van der Lubbe hätte im Auftrag der Kommunisten gehandelt, erwies sich bald als vollkommen falsch. Die Kommunisten gaben später zu, dass das „Braunbuch" einer Täuschung diente. Im Jahr 1962 veröffentlichte Fritz Tobias eine detaillierte Studie über den Reichstagsbrand mit der Schlussfolgerung, dass van der Lubbe Alleintäter war. Die meisten Historiker übernahmen diese Darstellung, auch wenn sich eine teils hitzig geführte Kontroverse über den Reichstagsbrand entwickelte und einige namhafte Wissenschaftler noch immer davon ausgehen, dass die Nazis selbst darin verwickelt waren.

Ungeachtet dessen, wer letztendlich für den Brand verantwortlich war, reagierten die Nazis umgehend. Als Hitler von dem Brand erfuhr, erklärte er leidenschaftlich, dass alle kommunistischen Funktionäre erschossen und ihre Reichstagsabgeordneten erhängt werden sollten. Das preußische Innenministerium machte sich sofort an den Entwurf einer Notverordnung. Am folgenden Tag wurde die „Verordnung des Reichspräsidenten zum Schutz von Volk und Staat" (Reichstagsbrandverordnung) veröffentlicht. Damit wurden alle von der Verfassung garantierten Grundrechte außer Kraft gesetzt. Die Todesstrafe wurde auf Straftaten wie Verrat und Brandstiftung ausgeweitet. Massenfestnahmen wurden ermöglicht, und die Gegner der Nazis wurden in Konzentrationslagern in so genannte „Schutzhaft" genommen. Ein entscheidender Schritt zur Auflösung des Rechtsstaates war die Tatsache, dass Wilhelm Frick als Reichsinnenminister in die Souveränität der Länder eingreifen konnte, sollte sich die öffentliche Ordnung seiner Meinung nach in Gefahr befinden. Diese Verordnung, die behauptete, ausschließlich gegen die Kommunisten gerichtet zu sein, war das juristische Fundament der Nazi-Diktatur. Sie behielt ihre Gültigkeit, obwohl die Gerichtsverhandlung gegen van der Lubbe im September deutlich machte, dass es keine Beweise für die Beteiligung der

Kommunisten gab. Der Angeklagte wurde zum Tode verurteilt und exekutiert, obwohl Brandstiftung zur Zeit der Tatausübung kein Kapitalverbrechen war. Überall in Deutschland kam es zu einer Welle von Festnahmen. Alleine in Preußen wurden etwa 100 000 Menschen, vorwiegend Kommunisten, verhaftet, unter ihnen auch die bedeutenden linksgerichteten Schriftsteller Egon Erwin Kisch, Erich Mühsam, Carl von Ossietzky und Ludwig Renn.

Trotz aller Einschüchterungen, Massenverhaftungen und Schikanen gegenüber oppositionellen Parteien waren die Wahlergebnisse im März für die Nationalsozialisten überaus enttäuschend. Sie erreichten 43,9 Prozent der Stimmen, nur 6,6 Prozentpunkte mehr als bei ihrem bisher besten Ergebnis – den Juliwahlen von 1932. Ihre größten Gewinne erzielten sie in Bayern und Württemberg, wo sie zuvor wenig Unterstützung erfuhren. Da die Konservativen 8 Prozent erlangten, hatten die Koalitionsparteien zusammen eine knappe Mehrheit im Reichstag. Die Wähler behielten ihr Vertrauen gegenüber den Sozialdemokraten und der Zentrumspartei, und das Ergebnis der Kommunisten fiel mit 12,3 Prozent unter den gegebenen Umständen überraschend gut aus. Die Parteien aus der Mitte des politischen Spektrums existierten fast nicht mehr. Die erstaunlich hohe Wahlbeteiligung von 88,8 Prozent spiegelte die Wichtigkeit dieser Wahlen für den Durchschnittsdeutschen wider.

Die Stimmzettel waren kaum gezählt, als die Nationalsozialisten sich an die Abschaffung der Staatsform Republik machten. Ein doppelter Angriff wurde auf die kommunalen Verwaltungen gestartet. SA-Schläger und Parteiaktivisten stürmten Rathäuser und Büros der Kreisverwaltungen, hissten die Hakenkreuzflagge und verjagten in Schrecken versetzte Beamte. Die Autoritäten in Berlin benutzten derartige Methoden, um kommunale Regierungen zu stürzen, indem sie sich der in Artikel 2 der Reichstagsbrandverordnung vorgesehenen Vollmachten bedienten. In jedem Land wurden Kommissare ernannt, die oftmals die lokalen Gauleiter waren, und Polizeichefs wurden durch herausragende Nazis ersetzt.

In einigen Gebieten stießen die Nazis auf beachtlichen Widerstand. Der bayerische Ministerpräsident Heinrich Held lehnte es rigoros ab, den Drohungen der SA nachzugeben, doch die örtlichen Militärbefehlshaber der Reichswehr gewährten ihm keine Unterstützung, als der Befehl aus Berlin kam, sich aus der Innenpolitik herauszuhalten. Am 3. Februar zeigte Hitlers Werbung um die Reichswehr somit einen beträchtlichen Erfolg. Held hatte keine Unterstützung mehr. Frick ernannte den überzeugten Nazi Generalleutnant Franz Ritter von Epp zum Kommissar für Bayern. Dessen Protegé Heinrich Himmler – noch immer Kopf der unbedeutenden SS – wurde zum Polizeipräsidenten von München ernannt und übernahm anschließend die bayerische

Geheimpolizei. Geschickt unterstützt von seinem unnachgiebigen und brillanten Untergebenen, Reinhard Heydrich, war dies der Anfang einer unglaublichen Karriere in der Strafverfolgung.

Am 21. März 1933, dem ersten Frühlingstag, hielt das Regime eine imposante Feierstunde in Potsdam ab, die von dem kurz zuvor zum Propagandaminister ernannten Joseph Goebbels organisiert wurde. Mit dieser Propaganda-Aktion wurde nicht nur die Eröffnung des neuen Parlamentes gefeiert, sondern symbolisch auch eine Versöhnung zwischen dem alten und neuen Deutschland demonstriert. Repräsentanten aller Lebensbereiche waren zugegen. Nur Kommunisten und Sozialdemokraten waren nicht eingeladen, weil sie – wie Frick mit offensichtlicher Genugtuung anmerkte – „ausreichend wichtige Arbeit in den Konzentrationslagern zu verrichten" hätten.

Der „Tag von Potsdam" begann mit einem Gottesdienst in der Garnisonskirche, nachdem Hitler Reichspräsident Hindenburg vorgestellt worden war. Hitler verneigte sich demütig vor dem Feldmarschall, und Hindenburg salutierte daraufhin in Richtung des leeren Platzes, wo früher der Kaiser zu sitzen pflegte, hinter welchem der Kronprinz stand. Hitler hielt eine versöhnliche Rede, in der er von der Vereinigung vergangener Größe und junger Kraft sprach. Der Nationalsozialismus wurde als Apotheose deutscher Geschichte in der langen und ruhmreichen Tradition von Luther, Friedrich dem Großen, Bismarck und Hindenburg dargestellt. Goebbels war mit dem Ausgang des Tages sehr zufrieden, den er in seinem Tagebuch zynisch als eine heitere Farce beschrieb.

Als der Reichstag drei Tage später in der Kroll-Oper in Berlin zusammenkam, herrschte eine bedrohliche Stimmung. Die SA umstellte das Gebäude, Hitler erschien in Parteiuniform, den 81 Abgeordneten der Kommunisten wurde die Teilnahme untersagt und 26 Sozialdemokraten waren festgenommen worden. Es gab nur einen Punkt auf der Tagesordnung: eine verfassungsmäßige Nachbesserung, die den verbliebenen Überresten des Parlamentarismus ein Ende bereiten würde und als „Ermächtigungsgesetz" bekannt wurde.

Da der Gesetzesentwurf eine Zwei-Drittel-Mehrheit benötigte, hing alles vom Verhalten der katholischen Zentrumspartei ab. Der Vorsitzende, Prälat Ludwig Kaas, bevorzugte eine autoritäre Lösung für die vorherrschende Krise und befürchtete, dass alles andere zu weiteren Freiheitseinschränkungen der katholischen Kirche führen würde. Andere ließen sich davon überzeugen, dass der Gesetzesentwurf tatsächlich nur gegen die Kommunisten gerichtet war und fanden Ermutigung in dem Gedanken, dass das Gesetz lediglich vier Jahre Gültigkeit besäße. Der ehemalige Reichskanzler Heinrich Brüning hingegen hatte ernsthafte Bedenken. Nach langen Diskussionen einigte sich seine Partei schließlich darauf, für den Entwurf zu stimmen. Otto Wels von der SPD war das einzige Mitglied des Reichstags, das den Mut hatte, sich gegen den Gesetzesentwurf auszusprechen. Seine gemäßigte aber leidenschaftliche Verteidigung der Demokratie, der Rechtsstaatlichkeit sowie der Grundprinzipien seiner Partei machten Hitler zwar wütend, doch hatte sie keinen Einfluss auf den Ausgang der Abstimmung. 444 Stimmen waren dafür, 94 dagegen. Obwohl das Gesetz auf einem offensichtlich verfassungswidrigen Weg durchgesetzt werden konnte, wurde es zweimal formell überarbeitet und bildete somit die pseudolegale Basis für zwölf Jahre Diktatur.

Am 31. März nutzte die Regierung ihre neue Macht, um ein vorläufiges Gesetz zur Gleichschaltung der Länder mit dem Reich zu verkünden. Dieses gab den Landesregierungen das Recht, Gesetze zu erlassen, ohne vorher die Länderparlamente zu konsultieren. Reichsstatthalter, die auf Anordnung aus Berlin handelten, wurden gemäß der Bedingungen eines zweiten Gesetzes vom 7. April ernannt. Hitler ernannte sich selbst zum Reichsstatthalter von Preußen, doch übertrug er Göring seine Autorität. Somit endete die lange Tradition des deutschen Föderalismus.

Das neue System war deshalb sehr konfus, weil viele der Reichsstatthalter auch Gauleiter waren, die Grenzen der Landes- und Parteibezirke einander jedoch nicht entsprachen. Es war typisch für das Dritte Reich, dass dies für Verwirrung über die Aufgabenbereiche von Land und Partei sorgte und zu Machtkämpfen in den Bereichen führte, wo sich Landes- und Bezirksgrenzen überschnitten. Noch verworrener wurde die Situation, als Rüstungskommissare für Gebiete ernannt wurden, die weder den Landes- noch den Parteibezirken entsprachen. Ferner etablierten sich die Gauleiter und Reichsstatthalter in ihren Bereichen selbst als „kleine Hitler", indem sie den aus Berlin erteilten Anordnungen wenig Beachtung schenkten und sich einzig dem Führer verpflichtet sahen.

Trotz allem Gerede über die Einheit des nationalsozialistischen Staates herrschte also von Anfang an ein hoffnungsloses Durcheinander über die Zuständigkeiten zwischen Land und Partei, Reich und Ländern, der Regierung und den Sonderbevollmächtigten. Hitler war in vielerlei Hinsicht ein Tyrann, der sich „die Finger nicht schmutzig machte". Er bevorzugte es, seine Schergen untereinander kämpfen zu lassen und ließ dann den stärksten und geeignetsten erfolgreich aufstreben. Diese Haltung spiegelte einerseits seine Ansicht über das Leben als endlosen Kampf wider und gewährleistete andererseits, dass die Nazi-Bewegung niemals ihre aktivistische Dynamik durch Bürokratie verlieren würde. Im Ergebnis stellten die führenden Personen im Deutschen Reich beinahe ausnahmslos ein gemeingefährliches Kon-

glomerat brutaler Schlägertypen, korrupter Empor-
kömmlinge und rücksichtsloser Karrieremacher dar.
Durch diesen administrativen „Blitzkrieg" konnte
die Verwaltungsbürokratie durchbrochen sowie
überflüssiger Papierkrieg vermieden werden, doch
wurde viel zu viel Zeit und Energie auf Rivalitäten
zwischen den Abteilungen und den Kampf um
Macht verschwendet.

Das Regime fing nun mit der systematischen
Zerstörung der politischen Parteien an, die nach dem
Erlass des Ermächtigungsgesetzes keine Rolle mehr
spielten. Den 1. Mai proklamierte Goebbels zum
„Tag der nationalen Arbeit". Am darauf folgenden
Tag wurden die Gewerkschaften verboten. SA- und
SS-Einheiten stürmten Gewerkschaftsbüros, und
Gewerkschaftsführer wurden festgenommen. Obwohl die meisten führenden Kommunisten bereits
inhaftiert waren oder Deutschland nach dem Reichstagsbrand verlassen hatten, war ihre Partei nicht verboten worden. Auf diese Weise sollte sichergestellt
werden, dass bei der Märzwahl die Stimmen der Arbeiterklasse gesplittert würden. Formal wurde die
KPD bis Ende März nicht verboten. Moskau reagierte
verhältnismäßig gleichgültig auf die Abschaffung der
Partei und das Martyrium seiner Mitglieder.

Die paramilitärische Organisation der Sozialdemokraten, *Reichsbanner*, die in einige Straßenkämp-
fe mit der SA verwickelt gewesen war, wurde in
einem Land nach dem anderen verboten. Die SPD

hatte man seit dem Reichstagsbrand kontinuierlich belästigt – ihre Parteibüros wurden überfallen, ihre Zeitschriften wurden untersagt. Die Mitglieder waren demoralisiert und die Partei schrumpfte schnell. Aus der Führerschaft gingen viele nach Prag, von wo aus sie einen kompromisslosen Kampf gegen Hitlers Regime ausriefen. Die Nazis nutzten dies als Rechtfertigung dafür, die SPD am 22. Juni zu verbieten und befahlen, alle sich noch in Deutschland befindenden Parteiführer festzunehmen.

Da sich die kleineren demokratischen Parteien selbst zerstört hatten, existierten nunmehr lediglich die Zentrumspartei, die von ihrer Mutterpartei abgespaltene *Bayerische Volkspartei* (BVP) und die Konservativen (DNVP). Die Mitglieder verließen diese Parteien zuhauf; viele von ihnen traten den Nationalsozialisten bei. Aus Angst davor, dass sich der Staat in die Belange der Kirche einmischen würde, bekundeten die katholischen Bischöfe am 28. März ihre Loyalität dem NS-Regime gegenüber. Zusammen mit Papen und Vertretern des Vatikans besprach Prälat Kaas in Rom die Inhalte eines Reichskonkordats, so dass die Zentrumspartei führerlos zurückgelassen wurde. Am 6. Mai übernahm Brüning den Parteivorsitz, doch musste er erkennen, dass die Zentrumspartei nicht mehr zu halten war. Nach dem Reichskonkordat war es Priestern verboten, in Bereichen der Politik mitzuwirken und der Vatikan distanzierte sich demgemäß deutlich vom politischen

Katholizismus. Einige führende Persönlichkeiten der BVP wurden verhaftet und am 4. Juli löste sich die Partei selbst auf. Einen Tag später folgte auch die Zentrumspartei diesem Beispiel.

Mit der DNVP machte das Regime kurzen Prozess. Der Parteivorsitzende Hugenberg verursachte während der Londoner Wirtschaftskonferenz im Juni einen Skandal, indem er die Rückgabe von Deutschlands Kolonien und Expansionsgebiete im Osten forderte. Dieser Vorfall bot Hitler einen guten Grund dafür, ihn aus dem Kabinett zu entlassen. Der Vorsitzende des Stahlhelms, Franz Seldte, trat am 26. April nachweislich den Nationalsozialisten bei und am 21. Juni wurde der Stahlhelm in die SA eingegliedert. Am 27. Juni wurde eine „gütliche Einigung" zwischen der NSDAP und der DNVP erreicht. Alle konservativen Mitglieder des Reichstages wurden Mitglieder der NSDAP und alle inhaftierten Parteimitglieder wurden freigelassen. Der Niedergang der DNVP vollzog sich nahezu unbemerkt. Die Tageszeitung der Nazis, der *Völkische Beobachter*, hatte bereits am 10. Juni verkündet, dass es den Parteienstaat nicht mehr gäbe. Am 14. Juli – aufgrund des Jahrestages der Erstürmung der Bastille von besonderer Bedeutung für Demokraten – wurde ein Gesetz erlassen, welches die NSDAP zur alleinigen legalen Partei in Deutschland machte. Goebbels gab bekannt, dass dies der endgültige Sieg über die Ideale der Aufklärung und der Französischen Revolution

wäre. Doch die Partei traf Vorkehrungen für eine
Volksabstimmung und bewies damit, dass selbst
Diktaturen – wie arglistig ihre Wege auch sein mö-
gen – einen Anschein von Legitimität wahren müs-
sen, um sich die Zustimmung des Volkes zu sichern.
Der Geist von 1789 war also nicht ganz erloschen.

Juli 1933 bis August 1934: Festigung der Macht

Alle beruflichen Verbände, Gesellschaften und
Vereine wurden als Teil des umfassenden Programms
der „Gleichschaltung" unter die Kontrolle der
NSDAP gestellt. Walter Darré, Leiter des Parteiam-
tes für Agrarpolitik, Autor von Büchern zur „Blut
und Boden"-Ideologie sowie langjähriger Freund von
Himmler, übernahm die Kontrolle aller deutschen
Bauernverbände und wurde „Reichsbauernführer".
Ende Juni wurde er zum Reichsminister für Ernährung und Landwirtschaft ernannt und hatte folglich
die Leitung der gesamten deutschen Agrarpolitik
inne.

Am 1. April wurden die Büros des *Reichsverban-
des der deutschen Industrie* (RDI) von einem SA-
Trupp überfallen und einige führende Mitglieder entlassen. Unter ihnen war auch der Jude Paul Silverberg, obwohl er ein Nazi-Sympathisant war. In den
folgenden Monaten wurde der RDI vollkommen um-

organisiert. Der Name wurde leicht verändert, die
Initialen aber beibehalten, um so den Schein von
Kontinuität zu wahren. Der zum Vorsitzenden ernannte Gustav Krupp von Bohlen und Halbach
gründete gemeinsam mit dem ehemaligen Reichsbankpräsidenten, Hjalmar Schacht, die *Adolf-Hitler-
Spende der deutschen Wirtschaft*, die Spenden deutscher Industrieller für die NSDAP sammelte.

Die Gleichschaltung beeinträchtigte alle Lebensbereiche. Berufsständische Organisationen der Ärzte,
Rechtsanwälte und Ingenieure wurden der Partei unterstellt und so gab es fortan nur noch nationalsozialistische Bienenzuchtverbände und nationalsozialistische Radvereine. Selbst Kegelmannschaften kleiner
Dörfer wurden von der Partei genau überwacht.
Demzufolge verschwand das lebhafte und vielfältige
Vereinsleben aus Deutschland; Menschen blieben zu
Hause oder besuchten die örtlichen Lokale, wo sie
lernten, nach Polizeispitzeln Ausschau zu halten.

Die SA durchforschte die kommunalen Verwaltungen, Banken und Einkaufshäuser nach Demokraten und Juden. In einer weiteren Kampagne wurde
die Berufstätigkeit der Frauen eingeschränkt; sie
wurden aus dem Staatsdienst und Unternehmen ausgeschlossen, damit sie, gemäß der Vorstellungen des
Nationalsozialismus, ideale Frauen und Mütter ver-
körpern konnten.

Im Mai bekundeten Hunderte von Universitätsprofessoren ihre Zustimmung zu dem neuen Regime,

in der Hoffnung, so ihren beruflichen Werdegang positiv beeinflussen zu können. Nicht nur zweitrangige Professoren unterstützen die Hitler-Diktatur: Der bedeutende deutsche Philosoph Martin Heidegger lobte das Regime in einer Rede, die er in seiner Eigenschaft als Rektor der Universität Freiburg hielt. Er nahm diese Rede niemals zurück, obwohl er später wohlwollende Worte für Hitlers Nemesis, Josef Stalin, fand. Carl Schmitt, ein renommierter Verfassungsrechtler, sorgte für eine raffinierte Rechtfertigung der Nazi-Gesetzlosigkeit. Doch fiel er bald in Ungnade, weil er im Gegensatz zu dem Weisen von Todtnauberg – gemeint ist Heidegger – einen großen jüdischen Bekanntenkreis hatte. Dies hielt ihn jedoch nicht davon ab, auf einer Versammlung deutscher Juristen folgende Worte zu gebrauchen: „Wir müssen den deutschen Geist von allen Fälschungen befreien, Fälschungen des Begriffes Geist, die es ermöglicht haben, dass jüdische Emigranten den großartigen Kampf des Gauleiters Julius Streicher als etwas ‚Ungeistiges' bezeichnen konnten."

Das „Gesetz zur Wiederherstellung des Berufsbeamtentums" vom 7. April 1933 war dazu bestimmt, Juden und andere, die das Regime für unerwünscht befand, aus dem öffentlichen Dienst zu entfernen. Da viele Universitätsprofessoren Staatsbeamte waren, wurde das Gesetz auch dazu benutzt, einige herausragende Intellektuelle aus den Universitäten zu entfernen, von denen viele später einen unschätzbaren

Beitrag in den Ländern lieferten, in denen sie Asyl fanden. Die systematische Säuberung der Universitäten wurde von Alfred Rosenbergs *Kampfbund für deutsche Kultur* ausgeführt, wobei diesem die Studenten des *Nationalsozialistischen Deutschen Studentenbundes* mit ihrer Kenntnis der örtlichen Gegebenheiten behilflich zur Seite standen.

Bereits ein jüdisches Großelternteil war ausreichend, um nach diesem Gesetz als Jude zu gelten. Es wurde bald darauf ausgeweitet und schloss neben dem öffentlichen Dienst auch den Berufsstand der Juristen, Ärzte, Zahnärzte und Zahntechniker sowie Steuerberater ein. Reichspräsident Hindenburg bestand darauf, dass jüdische Staatsbeamte, die ihre Position bereits vor dem 1. August 1914 angetreten hatten, die im Krieg gedient hatten oder deren Väter oder Söhne im Krieg gefallen waren, von dieser Maßnahme ausgenommen waren.

Deutschlands reiches und interessantes Kulturleben wurde ebenfalls unter strenge Parteikontrolle gebracht. Mitte Februar wurde der sozialistische Schriftsteller Heinrich Mann dazu gezwungen, von seinem Amt als Präsident der Sektion Dichtkunst in der Preußischen Akademie der Künste zurückzutreten. Als die Akademie im März zu einer Loyalitätsbekundung gegenüber dem NS-Regime aufgefordert wurde, legten Heinrich Manns Bruder Thomas, Ricarda Huch und Alfred Döblin ihre Ämter aus Protest nieder. Weitere angesehene Schriftsteller wie

Franz Werfel und Jakob Wassermann wurden ebenfalls gezwungen zu gehen.

Im April wurde eine lange Liste von Autoren veröffentlicht, deren Werke verboten wurden. Unter ihnen waren Karl Marx, Alfred Einstein, Sigmund Freud und Eduard Bernstein. Auch Heinrich Heine wurde verboten, doch waren einige seiner Gedichte – wie beispielsweise die „Loreley" – so volkstümlich, dass sie auch weiterhin veröffentlicht wurden, allerdings anonymisiert.

Im Mai organisierte der Nationalsozialistische Deutsche Studentenbund eine „Aktion wider den undeutschen Geist". Scheiterhaufen wurden im ganzen Lande entfacht, auf denen Bücher und Zeitungen verbrannten. Goebbels richtete sich während der großen Bücherverbrennung in Berlin an die Menschenmenge und rief aus, dass die intellektuelle Grundlage der Novemberrepublik nun zerstört worden wäre. Heinrich Heine, der etwa ein Jahrhundert zuvor ähnliche Bücherverbrennungen mit ansah, hatte damals folgende prophetische Worte geäußert: „Das war ein Vorspiel nur, dort, wo man Bücher verbrennt, verbrennt man auch am Ende Menschen."

Die Art und Weise, in der die Judenverfolgung ausgeführt wurde, die während der ersten Wochen des neuen Regimes begann, sollte typisch für die Nazis werden. Sie bestand aus einer Kombination unkoordinierter Gewalt von unten und Kontrolle von oben. Einschüchternde Männer der SA randalierten

und zerstörten jüdischen Besitz, verprügelten und
ermordeten ihre unglückseligen Opfer. Aus allen Lebensbereichen fielen Juden dieser stetig zunehmenden Welle der Gewalt zum Opfer.

Die Reaktion aus dem Ausland kam sofort und
war gegen das NS-Regime gerichtet. Doch bewirkte
diese Haltung eine Beschleunigung der antisemitischen Kampagne. Goebbels versprach, „ausländischen Juden eine Lektion dafür zu erteilen", dass sie
sich in deutsche Angelegenheiten im Namen ihrer
„Rassengenossen" einmischten. Julius Streicher, der
Gauleiter von Franken, gründete das „Zentralkomi-
tee zur Abwehr jüdischer Greuel- und Boykotthet-
ze". Selbst nach den ungewöhnlichen Maßstäben der
Nationalsozialisten galt er als besonders radikal und
hatte den Ruf, einer der brutalsten und bösartigsten
Antisemiten der Bewegung zu sein. Er wurde deshalb
mit der Aufgabe betraut, den Boykott gegen jüdische
Geschäfte am 1. April zu organisieren.

Der Boykott wurde nicht als Erfolg gewertet. Die
SA hinderte Menschen daran, in ihren Lieblingsge-
schäften einkaufen zu gehen, und es gab zahlreiche
Beschwerden über die grobe Vorgehensweise der
„Braunhemden". Goebbels war enttäuscht über die
fehlende Begeisterung für seine Aktion in der Bevöl-
kerung und beendete sie unverzüglich. In einigen
Gegenden führten Parteiaktivisten die Boykotte fort,
obwohl Hitler und Frick aus Angst vor ausländischen
Reaktionen befohlen hatten, diese abzubrechen.

Innerhalb eines Jahres wurden 2000 Staatsbeamte entlassen und etwa ebenso viele Künstler erhielten ein Arbeitsverbot. 4000 Rechtsanwälte durften ihren Beruf nicht länger ausüben und Hunderte von Ärzten und Universitätsprofessoren verloren ihre Lebensgrundlage. Jüdische Geschäftsleute dagegen wurden zu diesem Zeitpunkt für den Prozess des wirtschaftlichen Aufschwungs benötigt, doch waren auch ihre Tage gezählt.

Während des ersten Jahres des Regimes emigrierten Schätzungen zufolge ungefähr 37 000 deutsche Juden, obwohl jüdische Agenturen lediglich dann dazu rieten, das Land zu verlassen, wenn sich ein Individuum in äußerster persönlicher Gefahr befand. Sie hofften, dass sich die Situation beruhigen und die jüdische Gemeinschaft die Möglichkeit bekommen würde, einen gewissen Grad an Autonomie im neuen Staat zu genießen. Die jüdische Gemeinschaft konnte sich in keiner Weise vorstellen, dass Schlimmeres über sie hereinbrechen sollte. Hatte nicht der Rabbiner Leo Baeck beschrieben, dass Deutschland Zeuge des dritten goldenen Zeitalters des Judentums würde, das dem hellenistischen Judentum in der Zeit vor der Zerstörung des zweiten Tempels, wie auch dem sefardischen Judentum vor der Vertreibung aus Spanien folgte? Sollte die Tatsache, dass 13 der insgesamt 33 deutschen Nobelpreisträger Juden waren, gar nichts bedeuten? Konnte der außergewöhnliche jüdische Beitrag zu Deutschlands Kulturerbe einfach

ignoriert werden? Andere waren weniger zuversicht-
lich. So verließen im Jahr 1934 weitere 23 000 Juden
das Land.

Doch der Optimismus der Zurückgebliebenen
war in gewisser Weise gerechtfertigt. Im Sommer
1933, als Hitler die Republik zerschlagen und praktisch die absolute Macht errungen hatte, beruhigte
sich die Lage allmählich. Das Militär, die Industrie
und die Bürokratie genossen nach wie vor eine gewis-
se Autonomie und Hitler war teilweise noch immer
von ihnen abhängig und konnte somit auch keinen
zu radikalen Kurs riskieren. Hitler war ferner darauf
bedacht, die ausländische Meinung nicht zu verun-
sichern und stellte sich als einen Mann der Mäßigung und des Friedens dar. Die radikalen Nazis
scharrten sich indes um Ernst Röhm. Seine SA war
zutiefst frustriert über das zaghafte Verhalten und
beschwerte sich bitter darüber, dass es bislang keine
revolutionären Veränderungen in der deutschen Gesellschaft gegeben hätte.

Während die SA mit etwa 3 Millionen Mitgliedern „auf Sparflamme kochte" und unbedingt mit
der – wie sie es nannte – „zweiten Revolution" beginnen wollte, versuchte Hitler, diesen Radikalis-
mus, der die fruchtbare Allianz mit den alten Eliten
bedrohte, zu mäßigen. Mit dem Versuch, die anar-
chistische Gewalt der SA unter Kontrolle zu bekommen, erhielt Himmlers SS mehr Einfluss. Die SS war
eine von ideologischer Leidenschaft erfüllte Spezial-

truppe für methodische, bürokratische Gewalt. Sie
errichtete ihr erstes Konzentrationslager in einer
ehemaligen Munitionsfabrik in Dachau bei München. Hier wurden die Opfer des Regimes in abgeson-
derten Lagern systematisch schikaniert, gefoltert
und umgebracht, ohne dass dies in der sensiblen
deutschen Öffentlichkeit Anstoß erregte. Die offene
Gewalt der SA, die die Bevölkerung mit eigenen
Augen gesehen hatte, war jetzt aus dem Blickwinkel
verschwunden. Ende Juni ernannte Himmler den SS-
Oberführer Theodor Eicke zum Kommandanten des
Konzentrationslagers. Er war ein sadistischer Un-
mensch, der kurz zuvor aus einer psychiatrischen
Klinik für kriminelle Geisteskranke entlassen worden war. Er begann sofort, die *SS-Totenkopfverbände*
zu organisieren, die für die Bewachung der Lager zuständig waren. Kurz darauf wurde er zum Generalinspekteur der Konzentrationslager befördert, deren
Zentrale sich im neuen Lager in Sachsenhausen befand. Im Oktober 1933 verlor die SA die Kontrolle
über ihre Konzentrationslager, die fortan von der SS
verwaltet wurden, obwohl die SS der SA noch immer
formal untergeordnet war.

Im Frühjahr 1934 war der Machtkampf zwischen
der SA und der Reichswehr so akut geworden, dass er
Hitlers Besorgnis erregte. Ernst Röhm kritisierte den
angeblichen Dämmerzustand des Regimes und verkündete, es wäre höchste Zeit, aus der „nationalen
Revolution" eine nationalsozialistische Revolution

zu machen. Auf einer Reihe von Massenversamm-
lungen verlangte er, „Reaktionäre" aus der Bürokratie, der Industrie und dem Militär auszusondern. Er
war empört darüber, dass die Reichswehr größtenteils vom Prozess der Gleichschaltung verschont geblieben war. Ihre Zeit würde aber dennoch kommen.
„Der graue Rock der Reichswehr", so behauptete er,
„wird neben den braunen Wogen der SA verschwinden". Hitler konnte solche Andeutungen nicht tolerieren. Er brauchte die Berufssoldaten der Reichswehr. Er wusste, dass er seine territorialen Bestre-
bungen nicht mit Banden aus Straßenkämpfern
erreichen konnte, mochten sie auch ideologischen
Eifer und aktivistischen Elan besitzen. Die Reichswehr betrachtete Röhm und sein Vorhaben, die SA
zu einer autonomen Macht zu machen, als eine
ernstzunehmende Gefahr und schlug vor, aus ihr
eine Art territoriale Armee unter Kontrolle der
Reichswehr zu bilden. Hitler schätzte diese Lösung
als wahrscheinlich inakzeptabel für Röhm ein, wollte aber seine Reaktion abwarten.

Die Reichswehr räumte dem neuen Regime be-
reitwillig einige Zugeständnisse ein. So war das traditionell antisemitische Offizierskorps froh darüber,
seine Reihen von Juden säubern zu können. Allerdings war diese Säuberungsaktion alles andere als
lückenlos, was vor allem an den Schwierigkeiten lag,
darüber zu bestimmen, wer als Jude galt. 2000 bis
3000 „Volljuden" dienten zusammen mit 150 000 bis

200 000 „Halb- und Vierteljuden" während des Zweiten Weltkriegs in der Wehrmacht. Die meisten von
ihnen dienten als Mannschaften und Unteroffiziere,
doch gab es auch viele Offiziere und ungefähr 20 Generäle unter ihnen. Im Februar 1934 nahm die
Reichswehr das Hakenkreuz als militärisches Abzei-
chen auf. Im selben Monat berief Hitler ein Treffen
zwischen dem Reichswehrminister General Werner
von Blomberg und dem SA-Führer Röhm ein. Da die
Revolution vorüber war und die Reichswehr weiterhin außerhalb der Politik angesiedelt bleiben sollte,
machte Hitler den Vorschlag, die Aktivitäten der SA
auf politische Belehrung und die vormilitärische Ausbildung zu beschränken. Er erklärte, dass ein Krieg
zur Sicherung von „Lebensraum" geführt werden
müsste und dieser in den Aufgabenbereich der Berufssoldaten fiele. Röhm verließ das Treffen sehr zornig;
er nannte Hitler einen „ignoranten Gefreiten" und
schwor, den Kampf gegen „Reaktionäre" fortzuführen. In einer Rede am 18. April verurteilte er die „un-
begreifliche Milde" des Regimes gegenüber den „Trä-
gern und Handlangern des alten und noch älteren
Systems" und verlangte deren rücksichtslose Beseitigung.

Obwohl Hitler zunächst zögerte, gegen seinen
alten Kampfgefährten zu agieren, hatte Röhm mächtige Gegner. Nicht nur die Reichswehr war entschlossen, seine Ambitionen zu vereiteln. Göring,
Goebbels und Heß neideten ihm seine Position.

Auch Himmler und dessen Vertrauter Heydrich
ärgerten sich über den Umstand, dass die SS neben
der SA lediglich die zweite Geige spielte. Die Tatsache, dass Röhm ein bekannter Homosexueller in
einem Land war, in dem Homosexualität gemäß
§ 175 des Strafgesetzbuches ein Delikt war, setze
ihn offenen Angriffen aus. Göring stellte eine belas-
tende Personalakte über Röhm und seine zahlrei-
chen homosexuellen Komplizen und Lustknaben
zusammen. Der Geheimdienst der Reichswehr ko-
operierte eng mit dem nationalsozialistischen *Sicherheitsdienst* (SD) auf der Suche nach weiterem
Beweismaterial, das gegen Röhm verwendet werden
konnte. Zu diesem Zeitpunkt übernahm Himmler
die Kontrolle der preußischen Gestapo, die er sofort
mit diesem Fall betraute.

In einem Versuch, die Angelegenheit zu beruhigen, befahl Hitler am 4. Juni der gesamten SA, während des Monats Juli in Urlaub zu gehen. Röhms
„Reaktionäre" fühlten sich durch diese offensicht-
liche Spaltung unter den Nationalsozialisten ermutigt und setzten ihre Offensive fort. Ein weiteres Mal
spielte Papen eine charakteristische und verhängnis-
volle Schlüsselrolle. Es war ersichtlich, dass Hindenburg nicht mehr lange leben würde, und die Frage
nach einem Nachfolger wurde zu einem dringlichen
Anliegen. Der Reichspräsident war im April ernsthaft erkrankt und hatte sich davon nicht vollständig
erholt. Papen versuchte, Hindenburg davon zu über-

zeugen, in seinem Testament die Wiederherstellung
der Monarchie zu empfehlen. Sein Ziel war es, eine
Militärdiktatur zu errichten, in der die konservative
Elite die Naziaktivisten im Zaum halten würde.

Am 17. Juni 1934 hielt Papen eine Rede an der
Marburger Universität, die Edgar Jung – ein ultrakon-
servativer calvinistischer Jurist – für ihn geschrieben
hatte. Dessen Ansichten über den „revolutionären
Konservatismus" waren stark von den konfusen kor-
poratistischen Anschauungen Othmar Spanns beeinflusst. Die Rede war ein energischer Ausdruck der
konservativen Opposition gegen Hitler. Männer, die
mit den Nazis im vergeblichen Glauben zusammen-
gespielt hatten, diese zähmen zu können, erkannten
ihren großen Irrtum und sahen nun, dass Hitler beseitigt werden musste. Es ist nicht bekannt, ob Papen
die tatsächliche Intention der von Jung verfassten
Rede verstanden hatte, denn sie wirkte wie ein
Schlag ins Kontor. Sie war ein direkter Angriff auf die
Radikalität, Gewalt und Gesetzlosigkeit des Regimes: Es wurde deutlich zwischen einem konservativen Autoritarismus und dem „widernatürlichen
Totalitätsanspruch" des Nationalsozialismus unterschieden. Die dynamische Kraft und Bewegung
könnte nur im Chaos enden und dem „ewigen Auf-
stand von unten" müsste ein Ende gesetzt werden.
Eine beständige Struktur würde benötigt, in der
Rechtsstaatlichkeit respektiert würde und Staatsge-
walt unangefochten bliebe.

Goebbels verbot sogleich die Veröffentlichung dieser Rede und sie fand auch keine Erwähnung im Reichsrundfunk. Jung wurde verhaftet und kurz darauf zusammen mit weiteren Führungspersönlichkeiten dieses frühen konservativen Widerstandes gegen die Hitler-Diktatur ermordet. Jungs spiritus rector, Othmar Spann, wurde aufgrund seiner österreichischen Nationalität vorübergehend verschont. Nach dem Anschluss wurde auch er brutal misshandelt und nahezu erblindet zurückgelassen.

Im Bestreben, den Schaden zu begrenzen, beeilte sich Hitler, Hindenburg auf seinem Anwesen in Neudeck zu besuchen, erkannte aber dann, dass es Zeit war, drastischere Schritte einzuleiten. Göring, Himmler und Blomberg beschlossen, die SS von der SA-Führung abzukoppeln; Waffen und Logistik sollten von der Reichswehr bereitgestellt werden. Hitler beraumte ein Treffen mit SA-Führern in Bad Wiessee am Tegernsee ein, wo Röhm sich zu einer Kur befand. Am frühen Morgen des 30. Juni kam Hitler – die Reitgerte in der Hand – in aufgeregtem Zustand in Röhms Hotel an. Begleitet wurde er von Goebbels und dem SA-Obergruppenführer Viktor Lutze, der die SA-Führung übernehmen und die Ausgliederung der SS organisieren sollte. Röhm und seine Mitarbeiter wurden festgenommen, zunächst in das Gefängnis in Stadelheim und dann nach Dachau gebracht, wo Letztere noch am gleichen Abend von Angehörigen des SS-Führungscorps ermordet wurden. Röhm wurde am folgenden Tag umgebracht, nachdem Hitler schließlich der Exekution zugestimmt hatte.

Der „Röhm-Putsch" oder auch die „Nacht der langen Messer" beschränkte sich nicht auf die SA. Es wurden einige offene Rechnungen beglichen. So wurde Schleicher zusammen mit seiner Frau und seinem Adjutanten im eigenen Haus ermordet. Der ehemalige bayerische Ministerpräsident Kahr sowie der Vorsitzende einer bedeutenden katholischen Widerstandsgruppe fielen einem Attentat zum Opfer. Gregor Strasser wurde in die Kellerräume der Gestapozentrale in die Prinz-Albrecht-Straße in Berlin verschleppt, wo er erschossen wurde. Der Musikkritiker Dr. Wilhelm Schmidt wurde ebenfalls getötet, nachdem er das Pech hatte, mit dem SA-Führer Ludwig Schmitt verwechselt worden zu sein. Insgesamt wurden 85 namhafte Opfer gezählt, doch war die tatsächliche Zahl vermutlich wesentlich höher.

Das Regime hatte einen entscheidenden Schritt in Richtung totaler Gesetzlosigkeit getan, die charakteristisch für die vollkommene NS-Tyrannei war. Obwohl der Staat nunmehr auf das Niveau von krimineller Organisation degeneriert war, gab es für das Blutbad eine verbreitete Zustimmung im Volk. Das Kabinett traf sich am 3. Juli und schusterte schnell ein Gesetz zusammen, das diese „Notmaßnahmen" rechtfertigte, die für die Bekämpfung „verräterischer Angriffe" gebraucht wurden. Diese verbrecherischen Handlungen wurden somit nach ihrer Ausführung legalisiert, und es konnten keinerlei rechtliche Schritte gegen die Täter eingeleitet werden. Carl Schmitt rechtfertigte diese Selbstermächtigung damit: „Der Führer schützt das Recht vor dem schlimmsten Missbrauch, wenn er im Augenblick der Gefahr kraft seines Führertums als oberster Gerichtsherr unmittelbar Recht schafft." Später sollte er seine bedenkliche Definition von Recht durch die lapidare Verfügung „der Wille des Führers ist das höchste Gesetz" ausweiten.

Die meisten Deutschen waren erleichtert, dass die SA mit ihrer brutalen Vorgehensweise nun unter der Kontrolle des maßgebenden Einflusses Hitlers stand. Sie vergaßen, dass Recht und Ordnung nicht durch mörderische Missachtung des Gesetzes wieder hergestellt werden konnten. Obwohl man auch zwei bedeutende Generäle kaltblütig ermordet hatte, war die Reichswehr froh darüber, dass die SA zum Schweigen gebracht worden war, und die Generäle beglückwünschten Hitler eingeschüchtert dafür, Deutschland vor einem schrecklichen Bürgerkrieg bewahrt zu haben. Hitler hatte jede ernsthafte Opposition innerhalb der NS-Bewegung überwunden, und sein glänzendes Ansehen als allwissender und allmächtiger Führer stieg in den Augen unzähliger Anhänger an.

Als Reichspräsident Hindenburg im Sterben lag, trat das Kabinett zusammen. Es wurde beschlossen, die Ämter des Reichskanzlers und des Reichspräsidenten nach seinem Ableben in der Person Hitlers zu vereinen. Keiner der Anwesenden war darum besorgt, dass dies vollkommen verfassungswidrig war und sich sogar über das Ermächtigungsgesetz hinwegsetzte. Blomberg verkündete schmeichlerisch, nach dem Tod des Feldmarschalls würde er der Reichswehr befehlen, besser einen persönlichen Treueeid auf den Führer als auf die Verfassung abzulegen, wie es zuvor der Fall gewesen war. Einige Soldaten wurden folglich später von schweren und aufrichtigen Gewissensbissen geplagt, als sie in Erwägung zogen, Widerstand gegen den Mann zu leisten, dem sie vor Gott dem Allmächtigen die uneingeschränkte Treue geschworen hatten. Blomberg bildete sich ein, der Treueeid würde die Unabhängigkeit der Reichswehr garantieren. Sie alle sollten bald erfahren, dass genau das Gegenteil der Fall sein würde.

3 Der Nationalsozialistische Staat

2. August 1934 bis 1. September 1939

Der Nationalsozialistische Staat

Reichspräsident Paul von Hindenburg starb am 2. August 1934, woraufhin Hitler unmittelbar zum „Führer und Reichskanzler" ernannt wurde. Die Diktatur war somit vervollständigt. Das deutsche Volk wurde am 19. August mittels einer Volksabstimmung gebeten, Hitlers Ernennung zum Staatsoberhaupt des Deutschen Reiches, Reichskanzler, Oberbefehlshaber der Reichswehr und obersten Gerichtsherr abzusegnen – dieser offensichtlich verfassungswidrigen Schritt sollte pseudodemokratisch sanktioniert werden. 89,9 Prozent stimmten dafür. Am folgenden Tag verkündete Hitler das Ende eines „fünfzehnjährigen Kampfes der Bewegung um die Macht", und dass sich alles – von den höchsten Ämtern des Reiches bis zum kleinsten Gemeinderat – fortan in den Händen der Nationalsozialisten befände. Dies war keine leere Prahlerei. Alle Aspekte des deutschen Lebens waren jetzt fest in der Hand der

NSDAP. Anfang September fand der sechste Parteitag in Nürnberg statt, um diesen erstaunlichen Sieg
zu feiern. Sein Glanz, seine Feierlichkeit, aber auch
die drohende Gefahr wurde in Form des wirkungsvollen Propagandafilms *Triumph des Willens* von
Leni Riefenstahl auf Zelluloid festgehalten.

Ob beabsichtigt oder nicht, so ist der Filmtitel
irreführend: Hitler verdankte seinen Erfolg nicht seiner eisernen Willenskraft, sondern einigen glück-
lichen Umständen; ihm wurden Möglichkeiten eröff-
net, die er geschickt zu instrumentalisieren verstand.
Er spielte um hohe Einsätze, und das Glück war ihm
hold. Die soziale, wirtschaftliche und politische Krise
schaffte eine Situation, in der eine feste Hand gebraucht wurde. Machtvolle und einflussreiche Männer glaubten, den „Trommler" für ihre eigenen
Zwecke nutzen zu können, während die nationalsozialistische Bewegung eine anarchische, aktivistische
Dynamik entwickelte, die alles um sich herum mit
sich riss. Hitler – ein Meister im Taktieren – gelang
es, diese Situation unter Kontrolle zu halten. Er
konnte damit die konservativen Eliten, die sich von
den Parteiradikalen besonders bedroht fühlten, an
sich binden. Dies war kein sorgfältig ausgearbeiteter
Plan, der mit rücksichtsloser Entschlossenheit ausgeführt wurde, sondern es waren 18 Monate atemloser
Improvisation und nervenaufreibendes Risiko.

Der Rechtsstaat existierte nicht mehr. Die parlamentarische Demokratie war beseitigt, die Gewal-

tenteilung aufgehoben, die Verfassung ungültig und das föderale System aufgelöst worden. Eine Anzahl neu geschaffener Institutionen war nicht mehr dem Land oder der Partei gegenüber verantwortlich, sondern einzig und allein Hitler. Konservative glaubten, dass sich mit der Zerschlagung der Radikalen in der SA das Regime jetzt beruhigen würde, hin zu einer zwar unterdrückenden, aber vorhersehbaren Autorität, und dass vor ihnen ein ebener Weg läge.

Ein weiteres Mal hatte die konservative Elite die Situation falsch gedeutet. Sie erkannte nicht, dass hinter der Fassade der Einheit grausame Machtkämpfe stattfanden, Kompetenzgerangel und bittere Rivalität. Das System befand sich in ständiger Bewegung und besaß eine innere Dynamik, ohne die es verkümmert wäre. Es war unvorhersehbar, anarchisch und individualistisch, insofern als die „kleinen Führer" das Sagen hatten und an keine Regeln, Vorschriften oder das Gesetz gebunden waren. Beamte versuchten, Hitlers Willen zu interpretieren, denn dieser galt als oberstes Gesetz und Geheimnis zum Erfolg. Die so entstandene chaotische Situation rief die Kritik des engsten Mitarbeiters Hitlers, Martin Bormann, hervor. Seiner Meinung nach war die vorherige Republik zu sehr an die Bürokratie gebunden; die aktuelle Situation erweise sich aber als so ordnungswidrig, dass sie dysfunktional sei. Ein hoch komplexer moderner Staat konnte unmöglich effektiv funktionieren, indem er versuchte, die Wünsche eines Individuums zu interpretieren. Dies zeigte sich vor allem in späteren Jahren, wenn der Führer stufenweise ins Wanken geriet, als sich der Krieg in die Länge zog und sein Wille nur wenig mehr war als Wunschdenken. Zudem waren viele Führerfiguren im Dritten Reich außerordentlich untätig und nutzlos. Göring verbrachte in den letzten Stadien des Krieges die meiste Zeit des Jahres mit der Jagd oder er spielte mit der elektrischen Eisenbahn in seinem großen Jagdschloss Carinhall. Wilhelm Frick entspannte am Seeufer seines Hauses am Chiemsee. Philipp Bouhler, der Chef der Kanzlei des Führers, blieb monatelang in seinem Landhaus in Nußdorf.

Hitler war zweifelsohne Ursprung aller Autorität und oberster Gebieter, doch seine grenzenlose Macht beruhte nicht einzig und allein auf seiner Willenskraft und sicher nicht auf seiner sorgfältigen Planung, sondern vielmehr auf den inneren Strukturen des Systems und der Bereitwilligkeit so vieler Deutscher, ihm ihre Unterstützung und Ergebenheit entgegenzubringen.

Die Jahre zwischen 1934 und 1938 hatten den Anschein, eine Zeit der Ruhe und des Friedens in Deutschland zu sein. Das Regime war autoritär, doch schien es sich von dem radikalen Aktivismus des „jahrelangen Kampfes" distanziert zu haben. Es hatte einige beachtliche Erfolge im In- und Ausland aufzuweisen, die man ihm zugute halten musste. Ein umfassender Sozialstaat wurde geschaffen und die

„Volksgemeinschaft" war mehr als nur ein leeres Versprechen. Nicht nur in Deutschland wurde Hitler als Mann des Friedens angesehen, der Deutschland zu seinem rechtmäßigen Platz in der Welt verholfen hatte.

Hinter den Kulissen war die Situation jedoch eine andere. Hitler legte systematisch die Grundlage für die Verwirklichung seiner Ziele: Eroberung, Expansion und Rassenhygiene. Viele aus der Militär-, Beamten- und Industrieelite – was nichts über die deutsche Allgemeinheit aussagte – erklärten sich grundsätzlich mit diesen Zielen einverstanden, doch fürchteten sie die damit verbundenen Risiken. Hitler musste sie zunächst vollkommen unter seine Kontrolle bringen und seinem Willen unterwerfen, bevor er alle Karten zu dem von ihm inständig gewünschten Vabanquespiel auf den Tisch legen konnte. Es gab nur zwei Möglichkeiten – den totalen Sieg oder die totale Niederlage. Hitler würde keine Alternative dulden.

Im August 1934 hatte Hitler die absolute Macht inne. Im ganzen Land gab es keine Institution oder Person, die ihn überprüfen oder kontrollieren konnte. Dadurch, dass er Ernst Röhm beseitigt hatte, besaß er die uneingeschränkte Autorität über die Partei, die ihm blind folgte. Als Führer war Hitler die Ehrfurcht gebietende Person, die diese verworrene und ständig weiter aufbrechende Bewegung zusammenhielt. Goebbels' wirkungsvolle Propaganda half ihm dabei,

zu einer Figur messianischen Ausmaßes zu werden –
seine herrlich choreographierten Kundgebungen wurden gleichsam zu religiösen Zeremonien.

All dies konnte weder durch Blendwerk allein erreicht werden, noch konnte das Verlangen des deutschen Volkes nach einem Retter in der Stunde der
Not ohne sichtbare Erfolge gestillt werden. Das NS-
Regime überwand das Problem der Arbeitslosigkeit,
kurbelte die Wirtschaft an und hatte einige außenpolitische Erfolge, die die meisten Hitlerkritiker
zum Schweigen brachten und die Volksmassen mit
den enormen Schwierigkeiten des täglichen Lebens
versöhnten. Hitler wurden die vielen Erfolge ange-
rechnet; die Niederlagen hingegen führte man auf die
schlechte Arbeit seiner Untergebenen zurück.

Anfangs glaubten die Eliten, Hitler zähmen zu
können, oder zumindest von ihm zu profitieren. Sie
wurden in dieser Auffassung bestärkt, da sich Hitler
eine Zeit lang an die von Brüning und Papen aufge-
stellten Spielregeln hielt. Doch schon bald stellte er
die bestehende Regierungsroutine ein. Im Jahr 1934
kam das Kabinett 72 mal zusammen, 1935 nur noch
12 mal und nach 1938 gar nicht mehr – der prunkvol-
le Kabinettraum in Hitlers neuer Reichskanzlei wurde nie benutzt. Bei keinem dieser Kabinettssitzungen
wurde eine Abstimmung durchgeführt. Die Mitglieder des Kabinetts trafen Hitler einzeln; der Zugang
zu ihm wurde vom Chef der Reichskanzlei, Hans
Heinrich Lammers, peinlich genau kontrolliert.

Nachdem das Ermächtigungsgesetz eingebracht worden war, wurde Hitlers Vorgehensweise noch willkürlicher. Wenn er nicht durch das Land reiste, um auf Versammlungen zu sprechen, Grundsteine zu legen oder improvisierte Treffen mit diversen Beamten einzuberufen, stattete er immer längere Besuche auf seinem Anwesen am Obersalzberg in Berchtesgaden, dem Berghof, ab. Beamte huschten um ihn herum und bettelten um seine Anerkennung. Im Ergebnis führte dies unumgänglich in ein Chaos. So konnte beispielsweise einer der Reichsminister seine Ergänzung zur Gesetzgebung sichern, die jener widersprach, die bereits von einem anderen Ministerium verabschiedet worden war. All dies bekräftigte Hitlers Position als Führer, denn er alleine war befugt, solche Unstimmigkeiten zu schlichten und die Inkraftsetzung von Gesetzen befehlen, damit der Eindruck von Ordnung und Stetigkeit vermittelt wurde.

Hitler widerstand allen Versuchen, etwas Ordnung in dieses Durcheinander zu bringen, was den ordnungsliebenden Geist erfahrener Bürokraten verärgerte. Seine Anordnungen waren oftmals vorsätzlich vage, um viele unterschiedliche Auslegungsmöglichkeiten zu garantieren, wie sie umzusetzen waren. Oder aber er hielt sich zurück, bis einer seiner mächtigen Untergebenen selbst zu agieren begann. Inmitten dieses Durcheinanders bot sich aufstrebenden Gauleitern und Reichsstatthaltern ausreichende

Gelegenheit, Reviere abzustecken, in denen sie unangefochten an erster Stelle standen. Dies geschah geradezu ohne Rücksicht auf Gesetze oder feststehende Regeln und in direkter Verbindung zu Hitler. Da Hitler der Innenpolitik in den frühen Jahren nur wenig Aufmerksamkeit schenkte, gab es einen weiten Spielraum für machthungrige und clevere Männer, sich selbst auf autoritären und einflussreichen Posten zu etablieren; gleichzeitig konnten sie sich der Absegnung durch den Führer nahezu sicher sein. Während der Zeit des Nationalsozialismus in Deutschland war nichts erfolgreicher als der Erfolg.

Hitler griff nur selten ein und herrschte vielmehr aus der Distanz. Fehler und Misserfolge des Regimes konnten daher den lokalen Parteifunktionären vorgeworfen werden und seinen Status als Retter der Nation nicht untergraben. Im Gegenteil: „Wenn das der Führer wüsste" war eine geflügelte Reaktion auf die weit verbreiteten Verärgerungen, Ungerechtigkeiten und Unzulänglichkeiten.

Die Sehnsucht nach einem Führer, der Deutschland aus allem Übel erretten würde, war sowohl ideologisch als auch psychologisch tief verwurzelt. Da gab es Kaiser Friedrich I aus dem Hause der Hohenstaufen – genannt Barbarossa –, der im Kyffhäuser weiter lebt und sich erheben würde, um Deutschland in der Stunde der Not zu retten. Da gab es Helden wie Parsifal und Siegfried aus den Wagner-Opern, die auch Hitler so innig liebte. Da gab es den

fest verankerten militärischen Geist von Branden-
burg-Preußen, die Führerschaftsideologie der Ju-
gendbewegung und den allgemeinen Wunsch, einen
Ersatz für die Monarchie als symbolische Repräsen-
tation der Nation zu finden. Aber es war Goebbels
mit seiner Propagandamaschinerie, der die Bewun-
derung für die Erfolge des Regimes in einen nahezu
religiösen Führerkult umwandelte. Das gesamte
Volk, so behauptete er, sei ihm ergeben – aber nicht
nur aufgrund seines Respekts, sondern mit tiefer
und inniger Liebe, weil es das Gefühl habe, zu ihm
zu gehören. Es sei „Fleisch von seinem Fleisch, Blut
von seinem Blut". Möglicherweise konnte nur je-
mand, der von Jesuiten erzogen worden war, zu
derartiger Blasphemie imstande sein.

Nur wenigen gelang es, dem Reiz dieser über-
menschlich erscheinenden Figur zu widerstehen.
Einstige Gegner wurden seine Anhänger, und selbst
jenen, die sich in kritischer Distanz zu ihm beweg-
ten, fiel es schwer, sich seiner Anziehungskraft zu
entziehen. Hitler selbst erlag diesem Mythos so sehr,
dass sein feindlich gesinntes, grausames und bigottes
Wesen davon überzeugt war, ein unfehlbares und un-
abkömmliches Instrument der Vorsehung mit einer
welthistorischen Mission zu sein, die er zu erfüllen
hatte. Diejenigen, die sogar heute noch von der „Faszination" des Hitler-Phänomens sprechen, stehen
noch immer unter dem Fluch dieses verachtenswer-
ten Größenwahnsinnigen.

Bereits 1940 beschrieb der emigrierte Sozialwissenschaftler Ernst Fraenkel dieses Durcheinander rivalisierender Machtzentren zwischen Staat und Partei als „Doppelstaat". Sein geistvoller Kollege, Franz Neumann, analysierte weiter, wie sich der normative Staatsapparat allmählich in eine „organisierte Anarchie" mit seiner charakteristischen amorphen Dynamik auflöste. Der Dualismus war keine eindeutige Unterscheidung zwischen Partei und Staat, doch eine hoch komplexe Verflechtung von Kompetenzbereichen, die zu einer immer stärker werdenden Radikalisierung sowohl der Ziele als auch der Methoden führte.

Es gab substantielle Veränderungen innerhalb der Machtstruktur dieses polykratischen Staates. Die SS triumphierte 1934 über die SA und begann mit ihrem rapiden Wachstum, um ein Staat innerhalb des Staates zu werden, indem sie Justizgewalt und Polizei ihren Launen unterwarf. Walter Darré wurde trotz seiner Unfähigkeit zum „Reichsbauernführer" und Reichsminister für Ernährung und Landwirtschaft mit weitreichenden Machtbefugnissen ernannt. Die *Deutsche Arbeitsfront* (DAF), die von Robert Ley, einem chronischen Alkoholiker, auf den Ruinen der demokratischen Gewerkschaften aufgebaut wurde, zählte im Jahr 1939 etwa 25,3 Millionen Mitglieder. Diese Tatsache gab Ley immense Macht, die er dazu gebrauchte, sich mit Fragen beruflicher Weiterbildung und sozialer Probleme, des Wohnungsbaus und der Freizeitbeschäftigung zu befassen. Sein Bereich verletzte dadurch in vielen Punkten den Kompetenzbereich anderer Reichsministerien. Ähnlich verhielt es sich mit Fritz Todt, der für den Bau der Reichsautobahnen verantwortlich war, und der als Generalinspekteur mit besonderen Machtbefugnissen einigen Reichsministerien auf den Schlips treten konnte – allen voran dem Reichsministerium für Verkehr. Einer dieser Reichsminister war der Gründer des Stahlhelms, Franz Seldte, der den Ruf hatte, „stinkfaul" zu sein; er war 1933 zum Reichsminister für Arbeit ernannt worden. Als Goebbels Hitler den Vorschlag machte, Seldte durch Ley zu ersetzen, weil dieser – trotz seiner entsetzlichen Trunkenheit – Dinge besser geregelt bekäme, lehnte Hitler dies unmissverständlich ab. Er begründete seine Entscheidung damit, dass Seldte jederzeit beseitigt werden könnte, während Ley eine so machtvolle und einflussreiche Position inne hätte, die es sehr schwer machen würde, ihn daraus zu entfernen. Die Tatsache, dass keiner dieser Magnate jemals in einer halbwegs anständigen Firma zum Juniorpartner gemacht worden wäre, machte die Situation – wie Ernst Jünger ausführte – noch absurder.

Kein anderer akkumulierte so viele Ämter wie der intelligente, joviale, sadistische, morphiumsüchtige und zunehmend geistig verwirrte Hermann Göring. Er war Reichstagspräsident, preußischer Innenminister und preußischer Ministerpräsident. Er war

ein Reichsminister ohne Geschäftsbereich, Reichs-
luftfahrtminister, Reichsjäger- und Reichsforstmeis-
ter, Oberbefehlshaber der Luftwaffe sowie Kommissar für Rohstoffe und Devisen. Als Hitler sich trotz
des Widerstands der Reichsbank, des Wirtschaftsmi-
nisteriums und mächtiger Stimmen des privaten
Sektors dazu entschloss, seine Pläne zur Autarkie
fortzuführen, ernannte er Göring zum Beauftragten
des so genannten Vierjahresplans. Damit war Göring
buchstäblich Diktator über alle Belange der Wirtschaft.

Goebbels vereinte das Amt des Reichspropagan-
daministers mit dem des Gauleiters von Berlin.
Bernhard Rust, Gauleiter von Hannover und Braunschweig, war daneben auch Reichsminister für
Technologie und Erziehung, obwohl er zuvor aufgrund sexuellen Missbrauchs an einem seiner
Schützlinge seine Stelle als Lehrer verloren hatte. Er
litt auch an einer schweren geistigen Störung, die
auf eine Kopfverletzung zurückzuführen war, die er
sich während seines Kriegsdienstes als Leutnant der
Infanterie zugezogen hatte. Rust und Goebbels waren die einzigen Gauleiter, die zugleich auch Reichsminister waren.

Heinrich Himmler war sowohl Leiter der SS als
auch (ab 1936) Chef der Deutschen Polizei. Im Oktober 1939 wurde er zum „Reichskommissar für die
Festigung des deutschen Volkstums" gemacht. Er
war für die grausame Deportation von Juden und

Polen sowie für die Ansiedlung reinblütiger Deutscher in den durch diese Zwangsvertreibung frei gewordenen Gebieten verantwortlich. Dieses neue Amt einer „höheren Instanz des Reiches" war außerhalb des Gesetzes angesiedelt und wurde vor regulären Staatsbeamten geheim gehalten. 1943 wurde Himmler außerdem auch Reichsinnenminister und im darauf folgenden Jahr Oberbefehlshaber über das Ersatzheer.

Einige hatten Positionen mit großer Macht, ohne ein Staatsamt inne zu haben. Julius Streicher, der grausame Gauleiter von Franken, genoss Hitlers uneingeschränkte und bedingungslose Unterstützung für seine Verquickung von Antisemitismus mit pornographischen und sadistischen Obsessionen. Baldur von Schirach, Führer der *Hitlerjugend* (HJ) und späterer Reichsjugendführer, war eine weitere mächtige Figur, obwohl seine Homosexualität allgemein bekannt war und trotz seines endlosen Kompetenzgerangels mit Bernhard Rust.

Hitler war von Architektur besessen und hatte größenwahnsinnige Pläne für den Umbau Berlins. Als die Planungen seiner Ansicht nach nicht schnell genug vorangingen, ernannte er einen jungen, ambitionierten Architekten, Albert Speer, zum „Generalbauinspekteur für die Reichshauptstadt Berlin". Dieses Amt verlieh Speer die Generalvollmacht über den Städte- und Straßenbau. Nachdem Todt durch einen Flugzeugabsturz ums Leben gekommen war, wurde

Speer im Februar 1942 außerdem zum Reichsminister für Rüstung und Kriegsproduktion ernannt.

Indessen arbeiteten die herkömmlichen Ministerien weiter wie zuvor, wodurch der Eindruck von
Normalität inmitten dieses Durcheinanders erweckt
wurde. Die Partei war im Jahre 1937 zu einem gewal-
tigen, bürokratisierten Apparat mit 700 000 gut bezahlten Mitarbeitern angewachsen. Ihre Größe verdreifachte sich nahezu während des Krieges, da die so
genannten „Goldfasane" – eine spöttische Bezeich-
nung für die Gold umsponnenen Uniformen der Parteifunktionäre – raffinierte Wege ersannen, den Hel-
dentod für „Führer und Vaterland" zu umgehen.

Bis auf die unterste Ebene verfügten die Parteifunktionäre über Mittel, das Leben der Zivilbevölkerung zur Hölle zu machen, und Vielen bereitete dies
großes Vergnügen. Die Ortsgruppen wurden angewiesen, Führungszeugnisse über Behördenbedienste-
te, über diejenigen, die soziale Unterstützung bean-
tragten, sowie über Studenten und Auszubildende zu
erstellen. Kein Geschäft konnte ohne die Zustimmung der Partei gegründet werden, und während des
Krieges entschied die Partei darüber, welche Arbeiter
so wichtig waren, dass sie vom Militärdienst freige-
stellt wurden. Die Blockleiter hatten ein genaues
Auge auf die Bürgerschaft und sammelten die Beiträ-
ge für die Parteimitgliedschaft, die *Nationalsozialistische Volksfürsorge* (NSV) und auch das *Winterhilfs-
werk* (WHW) ein. Diese wohltätigen Organisationen

der Nazis kamen staatlich unterstützter Ausbeutung gleich und ein großer Anteil der Einnahmen wurde etwa für den Bau von Goebbels' prunkvoller Villa in Berlin verwendet. Geld wurde auch mit Hilfe der so genannten „Eintopfsonntage" gesammelt, wobei der Erlös dieses bescheidenen Essens ärmeren „Rassengenossen" zugute kommen sollte. In den Kriegsjahren gaben die Blockleiter Lebensmittelkarten aus. Gelegenheiten für Schikanen waren grenzenlos und Beschwerden über diese widerwärtigen „kleinen Hitler" am unteren Ende des „Nazi-Misthaufens" waren an der Tagesordnung.

Die spektakulärste Veränderung seit 1934 war der Aufstieg der SS. Sie wurde zum Inbegriff des Nationalsozialismus. Die SS fing als eine winzige untergeordnete Einheit der SA an, doch im Jahre 1933 zählte sie bereits 56 000 Mitglieder. Himmler begann mit dem Ausbau seines Polizei-Imperiums in Bayern, doch stellte sich ihm Göring als Leiter der preußischen Polizei in den Weg. Zwischen den beiden Männern entstand eine bittere persönliche Rivalität mit stark ideologischem Beigeschmack. Göring betrachtete die Polizei als Organ des Staates, Himmler dagegen wollte eine politische Polizeigewalt, die frei von jeglicher äußeren Kontrolle und schlichtweg dem Führer ergeben war.

Heinrich Himmler war ein denkbar ungeeigneter Führer dieser neuen Ordnung ideologisch aufgeladener arischer Supermänner. Er war ein schmächtiger

und scheuer kleiner Mann, der im Jahr 1900 geboren
wurde und seine sexuelle Unschuld erst mit 28 Jahren verloren hatte. Aus Dankbarkeit für diesen Akt
der Barmherzigkeit heiratete er kurz darauf die acht
Jahre ältere Gutsbesitzertochter Margarethe Boden,
zog sich vorübergehend aus dem politischen Leben
zurück und widmete sich einer Geflügelzucht. Obwohl er damit erfolglos war, kanalisierte er sein land-
wirtschaftliches Fachwissen in eine Besessenheit für
die Themen Züchtung und Rasse. Seine treue Ergebenheit gegenüber Hitler war nach wie vor ungebrochen.

Die SS (*Schutzstaffel*) wurde 1923 unter einem
etwas anderen Namen gegründet und 1925 umorganisiert. Im Jahr 1929 übernahm Himmler das Kommando über 289 Mitglieder und begann damit, sie in
eine Eliteformation umzufunktionieren. 1931 richtete er den *Sicherheitsdienst (SD)* ein, der von dem
bösartigen 25-jährigen Reinhard Heydrich geleitet
wurde, einem Rassenfantiker, der unlängst aufgrund
ehrwidrigen Verhaltens aus der Marine entlassen
worden war. Kurz nach den Märzwahlen wurde der
erste, als *Leibstandarte-SS Adolf Hitler* (LSSAH) bekannte, bewaffnete SS-Verband geschaffen, dessen
Führung Josef „Sepp" Dietrich hatte, ein ehemaliger
Fleischer und Angeber, dessen Ungeschliffenheit
nur teilweise hinter einer dicken Schicht bayeri-
scher Jovialität verborgen blieb. Nach dem Sieg der
SS über die SA wurden die ersten Einheiten der *SS-*

Verfügungstruppe formiert, dem paramilitärischen Flügel, der später in die *Waffen-SS* umorganisiert wurde. Am 20. Juni 1934 erhielt die SS in alleiniger Verantwortung die Zuständigkeit für die Konzentrationslager, die von den *SS-Totenkopfverbänden* bewacht wurden.

Im Frühjahr 1934 war Himmler an die Spitze der politischen Polizei Deutschlands gerückt, mit Ausnahme von Preußen. Göring, der wegen der andauernden Machtkämpfe im Dritten Reich einen Verbündeten suchte, entschloss sich dazu, mit Himmler Frieden zu schließen und bot ihm im April 1934 die Kontrolle über die preußische Geheime Staatspolizei an, die *Gestapo.* Himmler beherrschte nun den gesamten Sicherheitsapparat des Reiches. Er machte Heydrich zum Chef des Sicherheitsdienstes und der Gestapo und damit sowohl über die Einheiten der Geheimpolizei der Partei als auch über die Einheiten der Geheimen Staatspolizei. 1936 wurde die Gestapo der richterlichen und verwaltungstechnischen Aufsicht entzogen. Himmler wurde Chef der gesamten deutschen Polizei und prahlte mit dem pompösen Titel „Reichsführer-SS und Chef der deutschen Polizei im Reichsinnenministerium".

In einer für das Dritte Reich typischen Situation war Himmler also in seiner Eigenschaft als verantwortlicher Staatssekretär der Polizei einerseits dem Reichsinnenminister unterstellt, andererseits erstattete er jedoch als Führer der SS Hitler seinen Bericht selbst. Durch seinen direkten Zugang zum Führer konnte er die Anordnungen des Reichsinnenministers ignorieren, wodurch sich die gesamte Polizei außerhalb der Kontrolle durch den Staat befand. Himmler erachtete es sogar als unnötig, ein Büro im Reichsinnenministerium zu beziehen.

Sofort begann Himmler mit der Umorganisierung seines allumfassenden Bereiches. Die Polizei wurde in zwei Sektionen aufgeteilt. Die *Ordnungspolizei*, zuständig für geringe Verstöße, setzte sich aus der Schutzpolizei und der Gendarmerie zusammen und wurde von Kurt Daluege, einem Freikorpsveteran und frühen Parteimitglied, geführt. Aufgrund seines beschränkten Intellekts war dieser auch unter dem Spitznamen „Dummi-Dummi" bekannt. Heydrich wurde die Verantwortung über die *Sicherheitspolizei (Sipo)* übertragen, die sich aus der Politischen Polizei, der Kriminalpolizei (Kripo) und der Grenzpolizei zusammensetzte. Im September 1939 wurde durch Zusammenlegung der geheimen Polizei der Partei – des Sicherheitsdienstes – und der Sicherheitspolizei das *Reichssicherheitshauptamt* (RSHA) gegründet.

Heydrich war entschlossen, die SS in eine „ideologische Sturmtruppe und Leibgarde" zu verwandeln, die dem „Willen des Führers" zuarbeitete. Ihre Aufgabe war es, „ein genaues Auge auf die politische Gesundheit des Volkskörpers zu haben, eine schnelle Diagnose irgendwelcher Krankheitssymptome zu stellen und unverzüglich alle bösartigen Zellen zu zerstören". Himmler befahl seinen Männern, sich für den bald ausbrechenden Kampf zur Vernichtung der Gegner Deutschlands in der ganzen Welt zu stählen.

Heydrichs RSHA wurde in zahlreiche Abteilungen gegliedert, um die Feinde und Gegner des Regimes zu bekämpfen. Es gab Referate, die sich mit Angelegenheiten des Kommunismus, des Marxismus und seiner Verbündeten, mit reaktionären Bewegungen, Oppositionsgruppen, Legitimisten, Liberalismus, politischem Katholizismus und Protestantismus, Sekten und Freimaurern, Abtreibung, Homosexualität und Rassenforschung auseinander setzten. Das Referat IV B 4 war verantwortlich für Fragen bezüglich „Politischer Kirchen, Sekten und Juden". Zuständiger Referatsleiter war SS-Obersturmbannführer Adolf Eichmann. Referat IV C befasste sich mit den Unglücklichen, die sich in „Schutzhaft" befanden, Referat IV D mit „Fremdarbeitern" und missliebigen Ausländern; Referat VII mit „ideologischer Forschung und deren Weiterentwicklung".

Bereits 1934 verfasste Heydrichs Mitarbeiterstab ein Memorandum an seinen Leiter über die Judenpolitik. Darin heißt es, „das Ziel unserer Judenpolitik" müsse „die Umsiedlung aller Juden sein", und unheilverkündend weiter: „Abzulehnen sind die Mittel des Radau-Antisemitismus. Gegen Ratten kämpft man nicht mit Revolvern, sondern mit Gift und Gas."

Die SS war also eine totalitäre Organisation mit der Absicht, das deutsche Volk zu „schützen", es von allen unerwünschten Elementen zu säubern – seien sie biologisch oder ideologisch –, um es rein, stark und gesund zu machen. Heinrich Himmler, der die Charakterzüge eines kleingeistigen Bürokraten aufwies und oftmals spöttisch als „Reichsheini" bezeichnet wurde, vereinte große Widersprüche in seiner Person. Er war ein erbarmungsloser Massenmörder, der einen Besuch in Auschwitz als aufwühlend empfand, und andererseits versuchte, ein Jagdverbot zu erreichen, weil die Jagd grausam für Tiere sei. Er gebrauchte alle moderne Technik, um die bösen Werke jüdisch-bolschewistischer Untermenschen auszurotten und um seine dystopische Gesellschaft zu erschaffen. Gleichzeitig beherrschten ihn Angst und Furcht vor der modernen Welt. Er wollte die SS in einen mystischen Orden verwandeln, der in abgelegenen Burgen lebte, die alten germanischen Götter verehrte, Alkohol und Tabak abschwor und sich an eine strenge vegetarische Diät hielt.

Um die angeblichen „Gegner des deutschen Volkes" verfolgen und vernichten zu können, untergrub das Regime die Rechtsstaatlichkeit und zerstörte sie letztendlich. Das Gesetz konnte in einem totalitären Regime nicht unabhängig bleiben, sondern wurde zweckdienlich instrumentalisiert. In jedem Bundesland wurden Sondergerichte eingerichtet, gegen deren Entscheidungen keine Berufung erhoben werden konnte. Es gab eine Anzahl neuer strafbarer Handlungen, wie zum Beispiel „Zuwiderhandlung gegenüber dem gesunden Befinden des Volkes", die umfangreiche Interpretationsmöglichkeiten boten. Die Idee der Rechtsstaatlichkeit wurde als „liberal" denunziert und wurde mit Begriffen wie „der Wille des Führers ist das höchste Gesetz" oder „Gesetz ist das, was für das Volk gut ist" ersetzt.

Während das Zivilrecht weitestgehend wie zuvor administriert wurde, übertrafen sich die Gerichte in der Grausamkeit ihrer Urteile in Strafsachen. Mitglieder der kommunistischen und sozialdemokratischen Parteien wurden mitleidlos verfolgt und wegen Verrats angeklagt. Bereits das Hören von Radiosendern wie *Radio Moskau* oder *BBC* während des Krieges wurde als „Vorbereitung zum Landesverrat" gewertet. 16 000 Todesurteile waren aufgrund dieser Vergehen bis Ende 1944 verhängt worden. Die Gerichte interpretierten auch Fragen des „Rassenrechts" mit außerordentlichem, ideologischem Eifer.

Durch das Gestapo-Gesetz vom Februar 1936 verlor der einzelne Bürger jeglichen Rechtsschutz. Es oblag der Gestapo, eine politische Straftat zu definieren, und die Gerichte hatten diesbezüglich keine Zuständigkeit. War die Gestapo mit dem Urteil eines Gerichts nicht einverstanden, konnte sie dennoch den Angeklagten einfach festnehmen und das un-

glückselige Individuum in ein Konzentrationslager
werfen. Roland Freisler, Staatssekretär im Reichsjustizministerium und späterer Präsident des Volksgerichtshofes, war ein sadistischer, vormaliger bolschewikischer Kommissar, der jedem Richter mit dieser
„Polizeijustiz" drohte, sollte er ein mildes Gerichtsurteil verhängen. Das Gesetz wurde während des
Krieges mit einer Anzahl neuer Kapitalvergehen
noch drakonischer, beispielsweise dem, „Nutzen aus
dem Kriegszustand" zu ziehen.

Rassismus und Antisemitismus:
Die erste Phase

Die Judenverfolgung stellte das paradigmatische Beispiel für die Gesetzlosigkeit, den ideologischen Eifer und die rücksichtslose Brutalität der
NS-Tyrannei dar. Charakteristisch für das Regime
war auch, dass die Verfolgung Teil der sukzessiven
Radikalisierung war und sie auf eine willkürliche
Art und Weise ausgeführt werden sollte, da die verschiedenen Machtzentren in diesem polykratischen
Herrschaftssystem miteinander konkurrierten. Der
Gedanke der „Rassengemeinschaft" drückte definitionsgemäß bereits eine Auserwählung aus. Von
Anfang an äußerten die Nazis ihre Entschlossenheit, alles zu zerstören, was „gemeinschaftsfremd"
war, um die Schöpfung einer reinen, gesunden und

überlegenen Rasse zu fördern. Der nationalsozialistische Rechtsbegriff basierte auf dem Willen des Führers und dem „gesunden Instinkt des Volkes"; dementsprechend galten alle, die nicht zum Volk gehörten, auch als außerhalb des Gesetzes stehend. Obwohl Juden als größte Gefahr für das Volk angesehen wurden, schloss man auch andere Gruppen aus. Zu diesen gehörten geistig und körperlich Behinderte, psychisch Kranke, Homosexuelle, „Zigeuner", Gewohnheitsverbrecher, Alkoholiker, Drogenabhängige und andere „Asoziale". Dies galt trotz der Tatsache, dass die meisten Führerfiguren im Deutschland des Dritten Reiches einer oder mehrerer dieser Kategorien zugeordnet werden konnten, mit Ausnahme der „Zigeuner". Letztere wurden in dreierlei Hinsicht verdammt: Sie galten als „asozial", „minderwertig" und „fremdrassig". In Berlin erklärte Goebbels auch Juden für „asozial", doch fiel es schwer, diese als unheimlich mächtige und überaus bedrohlich dargestellte Gruppe der „Unterlegenheit" zu beschuldigen. Lesbische Frauen wurden nur in Österreich verfolgt, wo, gemäß §§ 129 und 130 des Strafgesetzbuches, ihre Neigung als „unnatürliches sexuelles Verhalten" verurteilt wurde. Homosexuelle wurden, anders als die Juden, nicht systematisch verfolgt und umgebracht, obwohl es eine ausgeprägte homosexuelle Subkultur im Dritten Reich gab. In den frühen Jahren wurden Homosexuelle durch die ausgesprochen homoeroti-

sche Ästhetik der „Bewegung" angezogen, und eine
Anzahl führender Nazis wäre in ernsthafte Schwierigkeiten gekommen, wenn § 175 des Strafgesetzbuches mit konsequentem Nachdruck angewendet
worden wäre.

Die Praxis der Zwangssterilisation von „Erb-
kranken" begann im Juli 1933. Insgesamt wurden
etwa 360 000 solcher Operationen durchgeführt.
Anfänglich richtete sie sich gegen diejenigen, die an
Funktionsstörungen wie Schizophrenie und Epilep-
sie litten, manisch-depressiv waren oder „Schwach-
sinn" aufwiesen, doch bald galten eher soziale als
medizinische Kriterien. Gewohnheitsverbrecher,
Alkoholiker, Prostituierte und Landstreicher wurden nach diesem umfassenden Programm der „Rassenhygiene" ebenfalls sterilisiert. 1934 verhielt
sich das Regime etwas vorsichtiger, da es mit der
Röhm-Krise beschäftigt war und sein Ansehen im
Ausland verbessern wollte. Der Angriff konzentrierte sich nun auf Behinderte und jene, die an Erb-
krankheiten litten. Um weitere Schäden im Erbgut
zu vermeiden, wurden die Betroffenen als anfängli-
che Vorsorgemaßnahme dazu gezwungen, sich einer Zwangssterilisation zu unterziehen. Ein paar
Jahre später mündeten solche „rassenhygieni-
schen" Maßnahmen dann in die systematische Tötung von so genannten „Erb- und Geisteskranken,
Behinderten und sozial oder rassisch Unerwünschten".

Julius Streicher steigerte seinen persönlichen antisemitischen Kampf mit der obszönen Herausgabe der Wochenzeitung *Der Stürmer*, die seit dem Sommer 1934 in ganz Deutschland in öffentlichen Schaukästen hing. Er verlangte, dass Juden jegliche Bürgerrechte verweigert sowie Eheschließungen zwischen Juden und Nichtjuden verboten würden. In etlichen Fällen weigerten sich Standesbeamte, solche Trauungen vorzunehmen, und es war häufig vergebens, gegen dieses rechtswidrige Handeln Rechtsmittel einzulegen.

1935 wurde es den Juden verboten, im Militär zu dienen. Versuche, ein gesondertes Nationalitätsgesetz für Juden zu schaffern, scheiterte mangels Einigkeit darüber, wer als jüdisch definiert werden sollte. Sollten „Halbjuden", also diejenigen, die nur ein jüdisches Elternteil besaßen, ebenso wie „Volljuden" behandelt werden, deren beider Elternteile jüdisch waren? Hitler verlangte eine Klarstellung, damit weitere Diskriminierung gegen Juden in Gang gesetzt werden und „Mischehen" gesetzlich verboten werden konnten. Aus Unzufriedenheit in den Reihen der SA darüber, dass das Regime keine nationalsozialistische Revolution durchführen wollte, war es 1935 erneut zu „Radau-Antisemitismus" gekommen. Dies hatte Deutschlands Ansehen im Ausland verletzt und war schlecht fürs Geschäft. Infolgedessen wurde solche Gesetzlosigkeit vielfach missbilligt. Am wichtigsten war, dass Hitler keinen Ungehorsam des

regimekritischen Pöbels tolerieren konnte. Antisemitismus musste ein Regierungsmonopol werden,
und zu diesem Zweck arbeiteten Beamte des Reichs-
innenministeriums unter Frick während des Nürnberger Parteitags fieberhaft an einem Entwurf des
„Gesetzes zum Schutze des deutschen Blutes und der
deutschen Ehre", das auch als „Nürnberger Gesetze"
bekannt ist.

Die Gesetze erklärten Ehen und Geschlechtsver-
kehr zwischen Juden und Nichtjuden zu strafbaren
Handlungen. Es wurde Juden verboten, nichtjüdische
Frauen als Hausangestellte zu beschäftigen. Nur diejenigen deutschen Staatsbürger, die „deutsches oder
artverwandtes Blut" hatten, konnten volle Bürgerrechte genießen. Die schwierige Frage nach der Definition eines Juden war noch immer offen: Nach langen Debatten wurde schließlich beschlossen, dass
Jude war, wer von mindestens „drei der Rasse nach
volljüdischen Großeltern" abstammte, wer ein prak-
tizierender Jude mit nur zwei jüdischen Großeltern
war oder wer zwei jüdische Großeltern hatte und mit
einer Jüdin verheiratet war. Diejenigen, die nur zwei
jüdische Großeltern hatten, wurden als „jüdischer
Mischling" tituliert, doch behielten sie vorläufig ihre
Bürgerrechte. 1935 machte das „Gesetz zum Schutze
der Erbgesundheit des deutschen Volkes" es außerdem Menschen mit erblichen Krankheiten unmöglich zu heiraten.

Obwohl die Nazis darauf bestanden, Juden einer

Rasse zuzuordnen, mussten sie dennoch auch religiöse Entscheidungsmerkmale heranziehen, um zu erklären, wer ein Jude war. Eine seltsame und tragische Ausnahme stellte ein Vorfall auf der Halbinsel Krim im Jahr 1941 während der deutschen Besatzung dar. Der Leiter der Einsatztruppe D, Otto Ohlendorf – ein hervorragender akademischer Ökonom, der zu einem Massenmörder wurde – , befahl neben der Ermordung der 34 000 ortsansässigen Juden auch die der 6000 dort lebenden Krimtschaken. Diese turksprachige Minderheit jüdischen Glaubens bezeichneten die Rassenexperten der Nazis als Juden. Die Karäer hingegen, eine weitere jüdische Minderheit, die jedoch eine heterodoxe Form des Judentums praktizierte, schien den Experten in ihrer Klassifizierung Schwierigkeiten zu bereiten und blieb verschont. Der offizielle Grund dafür war bizarr: Die Karäer hatten im Russischen Bürgerkrieg zusammen mit den „Weißen" gekämpft, während die Krimtschaken die Bolschewiki unterstützt hatten. Aus einem ähnlich eigenwilligen Grund galten auch die portugiesischen Juden als Arier.

Die Nürnberger Gesetze waren eine Art Kompromiss und stellten die radikaleren Antisemiten der Partei nicht zufrieden. Obwohl die Nazis weiterhin darauf bestanden, dass Juden einer Rasse angehörten, basierte die Definition darüber, wer ein Jude war – abgesehen von den beiden genannten Ausnahmen – ausschließlich auf religiöser Zugehörigkeit. Die

Möglichkeit einer anderen Definition kam all den verwirrten Rassenforschern und Schädelvermessern nicht in den Sinn.

Juden waren mittlerweile aus dem Staatsdienst und den akademischen Berufen ausgeschlossen worden, und im Jahr 1938 waren 60 Prozent der jüdischen Geschäfte konfisziert worden. Die einst wohlhabende jüdische Gemeinschaft war nun von Armut geplagt und Opfer endloser Demütigungen und Schikanen. Im April 1938 wurden sie gezwungen, vollständige Auskunft über ihr Vermögen zu erteilen. Im Juli bekamen sie besondere Ausweise. Im August mussten sie die Vornamen Sarah oder Israel annehmen, und in ihre Reispässe wurde der Buchstabe „J" gestempelt. Deutsche Juden verloren folglich ihre individuelle Identität, was weiter durch die Tatsache betont wurde, dass die Nazis es sich zur Gewohnheit machten, mit Bezug auf Juden von „der Jude" zu sprechen. Im November wurde es jüdischen Kindern verboten, am Unterricht in öffentlichen Schulen teilzunehmen.

Die neue Welle des radikalen Antisemitismus im Jahr 1938 war vor allem in Berlin sehr stark ausgeprägt, wo Goebbels zynisch bekannt gab, dass die Reichshauptstadt bald „judenrein" sein würde. Er sagte bei einem Treffen zu 300 Polizeioffizieren: „Nicht Gesetz ist Parole, sondern Schikane." In diesem Sommer wurden Synagogen und jüdische Läden verwüstet, und der erschreckend bestechliche Polizeichef Wolf-Heinrich Graf von Helldorf erwies sich als äußerst kooperativ gegenüber den Nazi-Verbrechern. Neben der Anordnung an seine Männer, das Leben für Berliner Juden so unangenehm wie möglich zu machen, kumulierte er ein großes Vermögen durch die Beschlagnahmung der Reisepässe reicher Juden, die er diesen für 250 000 Reichsmark pro Stück zurückverkaufte. Später erkannte er die düsteren Vorzeichen, schloss sich den Verschwörern vom 20. Juli 1944 an, wurde gefoltert und gehängt.

Der SD beschloss nun die Politik des „geordneten Schikanierens". Dies hatte zu Folge, dass Juden mancherorts der Besuch öffentlicher Parks, Theater, Kinos und dergleichen verboten wurde. Mit sehr wenigen Ausnahmen wurde Juden die Ausübung ihrer Berufe als Arzt, Rechtsanwalt und Ähnlichem verboten. Dies brachte die Nazis in eine missliche Lage. Sie wollten einerseits, dass die Juden Deutschland verließen, andererseits hatten sie die Juden aber in einen solchen Armutszustand versetzt, dass diese sich die Kosten für eine Emigration nicht mehr leisten konnten. Gewalt, wie in Österreich, erschien nun als eine attraktive Alternative.

Am 7. November 1938 fiel Ernst Eduard vom Rath, der als Diplomat bei der Deutschen Botschaft in Paris beschäftigt war, dem Attentat eines jungen polnisch-deutschen Juden mit Namen Herschel Grynszpan zum Opfer. Es war ein Racheakt für die grausame Misshandlung seiner Eltern durch die Ge-

stapo. Sie gehörten zu den 75 000 Juden polnischer
Herkunft, die aus Deutschland abgeschoben wurden,
und denen die Polen ihre Staatsbürgerschaft verweigerten. Einigen gelang die Überfahrt nach Amerika;
die Mehrheit wurde interniert. Rath starb am 9. November, dem Gedenktag des Hitler-Putsches in München, wo sich die Parteiführung alljährlich zu Feier-
lichkeiten versammelte. Ein „spontaner Ausdruck
öffentlicher Empörung" wurde auf Hitlers Befehl
sorgfältig von Goebbels organisiert, und die Gauleiter entsandten die SA zu einem landesweiten Pogrom gegen die Juden, der euphemistisch auch als
„Reichskristallnacht" bekannt ist.

Es war eine Nacht zerrütteter Leben und gebro-
chener Hoffnungen, in der etwa 100 Juden brutal ermordet wurden. Viele hundert Synagogen brannten
bis auf ihre Grundmauern ab und unzählige jüdische
Geschäfte, Wohnungen und Häuser wurden verwüstet. 30 000 jüdische Männer wurden verhaftet und in
Konzentrationslager verschleppt. In der gleichen
Nacht sprach Himmler in apokalyptischen Begriffen
von einem Kampf bis zum Tod zwischen Deutschen
und Juden.

Die meisten Deutschen wendeten ihren Blick ab.
Gleichzeitig missbilligten sie aber die SA-Schläger,
die sie an die schlimmen vergangenen Tage der Nazi-
gewalt erinnerten, und drückten ihr Entsetzen über
den angerichteten materiellen Schaden aus. Einige
waren über die Reaktionen aus dem Ausland besorgt.

Nur wenige halfen den bedauernswerten Opfern dieses Pogroms.

Die 250 000 Juden, die sich noch in Deutschland aufhielten, mussten für den von der SA angerichteten Schaden eine Strafe in Höhe von 1 Milliarde Reichsmark zahlen und Göring beschlagnahmte die Auszahlung aller Versicherungsansprüche. Schließlich wurden alle übrig gebliebenen jüdischen Läden und Geschäfte „arisiert". Sie wurden vom Reich konfisziert und an Nichtjuden weit unter ihrem eigentlichen Marktwert verkauft. Im ganzen Reich war es Juden nun verboten, ins Theater, das Kino oder öffentliche Schwimmbäder zu gehen. Sie waren auf diese Weise aus der deutschen Gesellschaft ausgegrenzt und kaum imstande zu existieren.

Es gab deutliche Anzeichen dafür, dass weitaus Schlimmeres bevorstünde. Die offizielle SS-Zeitung *Schwarzes Korps* forderte die „Extinktion" und „totale Vernichtung" dieser „Parasitenrasse". Am 12. November sagte Göring bei einem Treffen zu höheren Parteifunktionären, dass Deutschland im Falle eines Krieges „zuerst mit den Juden abrechnen" würde. Der 9. November 1938 stand somit für das Ende des Pogrom-Antisemitismus und für den Anfang einer bürokratisierten und systematischen Vorgehensweise bei der „Endlösung der Judenfrage". Bloße „Schikane" reichte den Nazis nicht mehr: drastischere Maßnahmen wurden benötigt.

Wirtschaftspolitik

Hitler hatte Deutschland wieder Arbeit versprochen und er blieb seinem Wort treu. Innerhalb von
vier Jahren wurde die Arbeitslosigkeit überwunden
und in einigen Sektoren fehlten nun Fachkräfte. Hitler kamen Programme zugute, die bereits von den Pa-
pen- und Schleicher-Regierungen in Gang gesetzt
worden waren, doch gingen die Nationalsozialisten
mit außerordentlicher Tatkraft und Bestimmtheit an
die Sache heran. Pläne für Autobahnen waren bereits
vorhanden, aber Hitler gab diesem Programm absoluten Vorrang. 1,7 Milliarden Reichsmark wurden in
den Straßenbau investiert, wodurch Tausende eine
Beschäftigung erhielten und damit ein großer Propa-
gandasieg erlangt wurde. Weitere 1,3 Milliarden
Reichsmark wurden in den Wohnungsbau und 1 Milliarde in Regierungsgebäude investiert. Ab 1936 wurde der Rüstung oberste Priorität beigemessen, so dass
der Wehretat von 720 Millionen Reichsmark im Jahr
1933 auf 10,8 Milliarden im Jahr 1937 anstieg. Während der sechs Friedensjahre steckte die Regierung
die unglaubliche Summe von 90 Milliarden Reichsmark in die Rüstung.

So gewaltige Ausgaben konnten nicht durch
Staatseinkünfte oder Gegenrechnung durch die 1935
eingeführte sechsmonatige Arbeitsdienstpflicht auf-
gefangen werden. Zunächst verwendete das Regime

die gleichen Methoden wie Papen und Schleicher, die ihre keynesianischen Modelle durch Wechsel finanziert hatten. Im Mai 1933 legten die vier großen Rüstungsunternehmen – Krupp, Siemens, Gutehoffnungshütte und Rheinmetall – ihre Betriebsmittel zusammen und gründeten die Metallurgische Forschungsgemeinschaft (Mefo), die mit einem Vermögen von 1 Milliarde Reichsmark ausgestattet war. Die Regierung bezahlte ihre an die vier Unternehmen vergebenen Rüstungsaufträge in Form von Fünf-Jahres-Wechseln – die so genannten „Mefo-Wechsel" –, für die die Regierung garantierte. Dann diskontierte die Regierung sie, so dass die Mefo-Wechsel den Status von Zahlungsmitteln erhielten.

Die Mefo-Wechsel im Wert von mehreren Milliarden Reichsmark wurden 1938 fällig und die Regierung nahm Regress auf höchst dubiose Methoden, um ihre Rechnung zu bezahlen. Steuerentlastung wurde anstelle der Zahlung angeboten, Banken wurden gezwungen, von der Regierung ausgegebene Anleihen zu kaufen und die Regierung entnahm Geld aus Sparkonten und Versicherungsunternehmen. 1937 war es der Reichsbank nicht länger möglich, die Menge der im Umlauf befindlichen Zahlungsmittel zu kontrollieren, so dass die Regierung eine Druckpresse benutzte, um den Mangel an Bargeld auszugleichen.

Die Nazis verhalfen den Deutschen zwar wieder zu Arbeit, doch waren die Bedingungen für die Arbeiterklasse nach wie vor schlecht. Ein Bericht vom September 1935 zeigte, dass nahezu die Hälfte aller deutschen Arbeiter weniger als 18 Reichsmark pro Woche verdiente, was unterhalb der Armutsgrenze war. Landesweit lag der Lebensstandard noch immer unter dem von 1928. Die Kosten für Lebensmittel stiegen schnell und sorgten für weitere Belastungen für Familien mit geringem Einkommen.

Die Konzentration auf die Aufrüstung hatte zur Folge, dass die Regierung bald sehr knapp an Devisen war und dadurch mit einem ernsten Rohstoffmangel konfrontiert wurde. Der „Neue Plan" des Reichsbankpräsidenten Hjalmar Schacht von 1934 führte eine strenge Kontrolle der Zahlungsmittel ein, half aber wenig, die anhaltende Belastung der Reserven zu reduzieren. Der Vierjahresplan von 1936, der entworfen wurde, um diese Probleme zu überwinden, stellte die Wirtschaft unter strenge Regierungskontrolle und zielte auf Autarkie ab. Synthetischer Gummi und Ersatzkraftstoff wurden in großem Umfang produziert und inländische Erze wurden abgebaut, um die Abhängigkeit von ausländischen Lieferanten zu verringern. Ein weiteres Mal übernahm die Partei das Ruder, mit Göring, der gewissermaßen als „Wirtschaftsdiktator" den Kurs bestimmte. Zwei Gauleiter, Walter Köhler und Adolf Wagner, erhielten die Verantwortung über die rationelle Zuteilung der Rohstoffe sowie die Preisgestaltung. Führende Offiziere aus Görings Luftwaffe wurden mit dem Bereich Öl und Energie betraut. Carl Krauch von der IG-Farben wurde Generalbevollmächtigter über die Chemieindustrie, allerdings gelang es ihm, sie in Privathänden zu belassen. Reichswirtschaftsminister Hjalmar Schacht schätzte diese Vorgehensweise in Bezug auf Deutschlands dringliche wirtschaftliche Probleme als desaströs ein und legte sein Amt im Jahr 1937 nieder. Zwei Jahre später verließ er auch die Reichsbank.

Wie Schacht vorausgesagt hatte, war das Autarkieprogramm ein teurer Misserfolg. Unsummen wurden in die Chemiestandorte Buna und Leuna in der Nähe von Halle investiert, doch war Deutschland weiterhin von ausländischen Kunststoff- und Ölvorräten abhängig. Inländisches Eisenerz war von minderer Qualität, roch und war überaus teuer zu fördern, daher musste die Hälfte des Eisenerzes importiert werden. Ebenso abhängig war Deutschland vom Mangan-, Chrom- und Wolframimport, und von einer autarken Nahrungsmittelversorgung war das Land noch immer weit entfernt.

Das Regime versuchte, sowohl Gewehre als auch Butter herzustellen, doch erhielt die Aufrüstung den Vorrang vor Konsumgütern. Im Sommer 1935 war die industrielle Produktion und Arbeitssituation wieder auf dem Niveau von 1928 angelangt und es bestand keine Notwendigkeit mehr, „den Hahn aufzudrehen". Die aufgetretenen Wirtschaftsprobleme ließen sich nun beinahe ausschließlich auf die exzessiven Rüstungskosten der Regierung zurückführen. Das Leben blieb also trotz des bemerkenswerten Wirtschaftsaufschwungs zwischen den Jahren 1933 und 1939 hart. 1938 war der Fleischkonsum noch immer unter dem Level von 1929, und es bestand eine Knappheit an qualitativen Gebrauchsgütern. Der Durchschnittsdeutsche war froh darüber Arbeit zu haben, doch nahmen die Beschwerden über Lebensmittelknappheit und Mangel an besseren Dingen im Leben zu. Industrielöhne erreichten bis 1941 nicht den Stand von 1928, und auch dann größtenteils nur über Bezahlung von Mehrarbeit und nicht aufgrund angepasster Grundlöhne.

Frühe Versuche nationalsozialistischer Gewerkschaften wurden schnell wieder aufgegeben. Bekannt als *Nationalsozialistische Betriebszellenorganisation* (NSBO), zogen sie unzufriedene linksgerichtete Elemente an, die die Verwegenheit besaßen, die Interessen der Mitgliedschaft voranzutreiben. Im Sommer 1933 wurden „Treuhänder der Arbeit" vom Reicharbeitsministerium ernannt, die Arbeitslöhne, Verträge und Arbeitsbedingungen festlegen sollten. Da die Verantwortlichen vorwiegend aus dem Führungsbereich kamen, bemühten sie sich eher um die Interessen der Arbeitgeber als um die der Arbeitnehmer.

Robert Ley wurde dazu verpflichtet, die *Deutsche Arbeitsfront* (DAF) von all denjenigen zu säubern, die nationalsozialistische Gewerkschaften gründen wollten. Er konzentrierte sich nun auf die Bildungsprogramme und Freizeitaktivitäten einer Unterorganisation der DAF, der *Kraft durch Freude* (KdF). Diese im November 1933 gegründete gewaltige Organisation bot viele Bildungsmöglichkeiten, Theateraufführungen, Konzerte, Sportaktivitäten, Ferien zu Hause und im Ausland und sogar Schiffsreisen an.

Die DAF wurde vollkommen fügsam gemacht, und die Arbeiter hatten kein Mitspracherecht mehr im Führungsbereich. Im November 1933 war der Vorsitzende des Reichsverbands der Deutschen Industrie, Gustav Krupp von Bohlen und Halbach, damit einverstanden, Geschäftsleute in die DAF mit einzubeziehen. Im folgenden Jahr wurde die DAF umorganisiert und basierte fortan auf vier „Säulen": Arbeiter, Büroangestellte, Industrielle und kleine Geschäftsleute. Sie bestand aus 40 000 fest angestellten Mitarbeitern sowie zusätzlichen 1,3 Millionen Freiwilligen. 1,5 Prozent der Arbeitslöhne wurden einbehalten, um die Kosten abzudecken.

Alle Konzessionen, die während der Weimarer Republik gegenüber den Arbeitnehmern gemacht worden waren, wurden aufgehoben und ein Geschäftsmann war fortan der Herr in seinem Haus. Das „Führerprinzip" fand damit seine Anwendung auch in der Geschäftswelt. Der „Betriebsführer" bestimmte über die „Betriebsgemeinschaft". Als sich Mitglieder verschiedener Betriebsräte über die Aufhebung aller Arbeitsrechte 1935 beschwerten, wurden Ratsmitglieder nicht länger gewählt, sondern von Treuhändern ernannt. Arbeiter wurden jetzt mit „Arbeitsbüchern" ausgestattet, was einen Arbeitsplatzwechsel erheblich erschwerte.

Die Bauernschaft war der Liebling der Nazi-Propagandisten. Sie war der „biologische Kern" der zukünftigen Größe Deutschlands, wo „Blut und Boden" zusammengehörten. Empfänglich für derartige Schöntuerei, ließ sie sich scharenweise von der NS-Bewegung überzeugen. Als jedoch die Nazis an der Macht waren, wurden die Landarbeiter ähnlich wie die Industriearbeiter behandelt. Walter Darrés „Reichsnährstand" übte die Herrschaft über seine 17 Millionen Mitglieder aus. Dieser war eine gigantische bürokratische Organisation, die hydraähnlich alle Aspekte des ländlichen Lebens berührte. Er kontrollierte Produktion, Preise und Vermarktung aller landwirtschaftlichen Produkte. Verzweifelt, aber letztlich erfolglos versuchte er, das Landvolk an die Scholle zu binden. Damit sollte es daran gehindert werden, wegen höherer Löhne in die Städte zu flüchten.

Zu diesen Versuchen gehörte auch die Schaffung der „Erbhöfe", wonach Bauern mit „deutschem oder artverwandtem Blut" unveräußerliche Höfe von weniger als 125 Hektar bekamen. Dies kam einer neuen Form der Leibeigenschaft insofern gleich, als die jeweils ältesten Söhne an den Boden gebunden wurden und der Hof nicht veräußert werden konnte. Das Fortschreiten der Landflucht wurde damit nicht aufgehalten und die Zahl der in der Landwirtschaft Beschäftigten reduzierte sich zwischen 1933 und 1939 um 440 000. Das Ergebnis war eine chronische Knappheit an Landarbeitern, die erst nach 1939 durch Fremdarbeiter und Kriegsgefangene ausgeglichen werden konnte.

Trotz aller Bemühungen war das Ergebnis eher enttäuschend: Deutschland konnte zwar seine Abhängigkeit von importierten Nahrungsmitteln herabsetzen, und es gab einen substanziellen Produktionsanstieg bestimmter Güter. Die Preise stiegen aber stark an und verursachten weit verbreitete Unzufriedenheit. Trotz aller „Blut und Boden"-Propaganda war es hauptsächlich slawisches Blut, das deutschen Boden in den Kriegsjahren bearbeitete.

Große Versprechungen waren auch der Mittelschicht gemacht worden, die ihre Hoffnungen schnell schwinden sah. Die Nationalsozialisten hatten versprochen, die Machtzentren der großen Warenhäuser zu zerschlagen und den um ihre Existenz kämpfenden Fleischern, Bäckern und Kerzenmachern zu helfen. Tatsächlich aber ging die Zahl der mittelständischen Betriebe stark zurück. Viele wurden einfach geschlossen, als die Wirtschaft immer stärker unter Staatskontrolle geriet – ein Prozess, der sich während der letzten Stadien des Krieges merklich beschleunigte. Andere mittelständische Betriebe wurden gleichsam ausgehungert. Die Warenhäuser waren verpflichtet, höhere Steuern zu zahlen, doch stieg ihr Marktanteil. Die Konkurrenz der jüdischen Geschäften wurde durch „Arisierung" rigoros beendet, und viele kleine Geschäftsleute beteiligten sich an dem ungebührlichen Gerangel um diese Besitztümer. Doch konnten selbst diese „Schnäppchen" die gesamtwirtschaftlichen Verluste nicht aufwiegen.

Die nationalsozialistische Politik gegenüber Frauen war ebenfalls äußerst widerspruchsvoll. Frauen sollten dem Führer und dem Volk durch die Aufzucht vieler Kinder dienen und sich um das Heim der Familie kümmern anstatt arbeiten zu gehen. Gleichzeitig wurden Frauen aufgrund des steigenden Arbeitskräftemangels dringend in der Arbeiterschaft gebraucht.

Die Geburtenrate stieg von 14,7 pro Tausend im Jahr 1932 auf 18,6 pro Tausend im Jahr 1936 an, allerdings war dies eher auf die verbesserte wirtschaftliche Lage als auf ideologischen Druck zurückzuführen. Die Anzahl der arbeitenden Frauen ohne Ausbildung und mit schlechter Bezahlung nahm drastisch zu. Andererseits wurden verheirateten Frauen großzügige Darlehen angeboten, wenn sie aus der Arbeiterschaft ausschieden. Viele Akademikerinnen wurden gezwungen, ihre Arbeitsstellen aufzugeben und nur sehr wenige wurden in Institutionen für höhere Bildung zugelassen. Frauen wurden aus dem öffent-

lichen Dienst ausgesondert und durften nicht länger
als Rechtsanwältinnen praktizieren.

Trotz erheblichen Arbeitskräftemangels während des Krieges weigerte sich das Regime, obligato-
rischen Arbeitsdienst für Frauen einzuführen.
900 000 Frauen wurden 1943 dennoch dazu gezwungen zu arbeiten, allerdings gehörten sie zu den Unter-
privilegierten. Entgegen aller Gemeinschaftsparolen
wurden Frauen aus privilegierten Schichten vom Arbeitsdienst ausgenommen. Somit blieb Deutschland
während des Dritten Reiches eindeutig eine Zwei-
Klassen-Gesellschaft.

Es gab 3,3 Millionen Mitglieder in der *Nationalsozialistischen Frauenschaft* (NSF), die von Gertrud
Scholtz-Klink, einer schlanken, blonden, blauäugi-
gen Mutter von sechs Kindern geführt wurde. Sie war
außerdem Leiterin des *Deutschen Frauenwerks*
(DFW) mit etwa 4,7 Millionen Mitgliedern und auch
Vorsitzende der Frauenabteilung der DAF und damit
die mächtigste Frau im Dritten Reich. Doch sie war
in den deutlichen Widersprüchen zwischen ihrer Vision von deutschen Frauen als gehorsame Ehefrauen,
Mütter und Hausfrauen und ihrer Funktion als Par-
teiaktivistin in der NSF und dem DFW gefangen.
Scholtz-Klink schaffte es nicht, diese Diskrepanz
aufzuheben; wenig überzeugend jedenfalls schien
ihre Bemerkung, der Holzlöffel wäre eine ebenso
machtvolle Waffe wie das Maschinengewehr. Sie war
zudem durch Gegensätze zwischen ihrer etwas prü-

den sexuellen Moral und den Rassentheorien der Partei belastet, die keinen Unterschied zwischen ehelicher und unehelicher Mutterschaft machte. Das Regime war grundlegend frauenfeindlich eingestellt, insofern als es die Rolle des Mannes zu stärken suchte, die der Frau aber nicht mehr als eine Gebärmaschine war. Ein 1938 verabschiedetes neues Gesetz über Ehe und Scheidung schränkte die Frauenrechte weiter ein.

Erste außenpolitische Schritte

Zunächst verhielt sich das Regime auf dem Gebiet der Außenpolitik sehr vorsichtig. Hinsichtlich seiner Forderung nach Revision des Versailler Friedensvertrags unterschied es sich kaum von den Vorgängerregierungen während der Weimarer Zeit. Rufe nach Wiederherstellung der Großmachtstellung Deutschlands und nach Rückgabe der Kolonien waren auch in konservativen und nationalistischen Kreisen üblich. Hitler aber war besessen von der Idee, für die Zukunft des deutschen Volkes und damit für die überlegene „arische Rasse" „Lebensraum" sichern zu müssen, und beabsichtigte deshalb von Anfang an, ein Großreich im Osten Europas zu schaffen. Und er war zu allem bereit, um dieses Ziel zu erreichen. Seine zielstrebige Entschlossenheit, seine Spielernatur und die ruchlose Verfolgung langfristiger

Ziele alarmierten ein Jahr vor Kriegsausbruch einige
seiner Generäle und selbst Hitlers skrupelloseste
Schergen begannen zu zaudern. Als Hitler um immer
höhere Einsätze spielte und gewann und mit jedem
Mal sein Ansehen stieg, brachte dies seine Kritiker
zum Schweigen und seine charismatische Stellung
als genialer Führer erhöhte sich weiter. Dadurch
konnte er die konservativen Nationalisten beeinflussen und sie dazu gebrauchen, ihm bei der Verwirklichung seiner „Lebensraum"-Ideologie und der Vernichtung der „Rassenfeinde", welche die „Rassengemeinschaft" bedrohten, zu helfen.

Bei der „Machtergreifung" Hitlers war die inter-
nationale Situation für eine konsequente Revisions-
politik günstig. So waren alle wichtigen Industrie-
nationen durch die Weltwirtschaftskrise ernsthaft
geschwächt worden. Die gesamte Sicherheitspolitik
lag aufgrund der japanischen Invasion in der Man-
dschurei und der daran anschließenden verhaltenen
Reaktion des Völkerbundes in Trümmern. Die Repa-
rationszahlungen waren 1932 effektiv eingestellt
worden und Reichskanzler Brüning war es um ein
Haar gelungen, die Aufhebung der militärischen Be-
schränkungen zu erwirken, die der Versailler Vertrag
Deutschland auferlegte.

Hitler war bemüht, die Befürchtungen der Nachbarn Deutschlands zu beschwichtigen, während er
im eigenen Land eine Diktatur errichtete. Zu diesem
Zweck beließ er den aristokratischen Diplomaten

der alten Schule, Konstantin von Neurath, als Reichsaußenminister zusammen mit seinem Staatssekretär im Amt. Diplomaten in der Wilhelmstraße schienen Hitlers Anküdigung seiner langfristigen außenpolitischen Ziele gegenüber seinen Generälen vom 3. Februar 1933 ignoriert zu haben, und sie glaubten nicht, dass die neue Regierung einen radikalen Kurswechsel beabsichtigte. Ihrer Ansicht nach war es jedoch möglich, eine aggressivere Politik als die von Stresemann zu verfolgen – damit würde Deutschlands Stellung durch Aufrüstung, den „Anschluss" Österreichs und die Rückgabe der verlorenen Kolonien gestärkt werden.

Seine erste wichtige öffentliche Rede zur Außenpolitik hielt Hitler am 17. Mai 1933 im Reichstag. In dieser Rede versprach er, alle internationalen Staatsverträge und Auflagen anzuerkennen und forderte eine friedliche Revision des Versailler Abkommens. Trotz seiner antimarxistischen Rhetorik und während er zu Hause Kommunisten ermorden ließ, unterzeichnete er am 25. Februar 1933 ein Kreditabkommen mit der Sowjetunion sowie am 4. April einen Freundschafts- und Nichtangriffsvertrag.

Am 14. Oktober benutzte die deutsche Regierung den Vorschlag Englands und Frankreichs von der Genfer Abrüstungskonferenz, demzufolge Deutschland eine vierjährige Bewährungsphase gegeben werden sollte, bevor eine Rahmenvereinbarung zur Abrüstung erzielt würde, als Rechtfertigung für den Austritt aus dem Völkerbund. Dies stieß auf enormen Zuspruch in Deutschland, wo der Völkerbund hauptsächlich als Instrument betrachtet wurde, mit dem die Siegermächte das Diktat von Versailles aufrecht erhielten.

Dem folgte am 16. Januar 1934 ein überraschender Nichtangriffspakt mit Polen, der eine radikale Wende von einer prosowjetischen und antipolnischen Politik der Weimarer Republik seit dem Vertrag von Rapallo im Jahr 1922 markierte. Die Polen hatten allen Grund skeptisch zu sein, vor allem weil Hitler hervorhob, dass er Veränderungen am Grenzverlauf zwischen den beiden Staaten nicht ausschlösse. Da sich aber die Polen von ihren französischen Verbündeten im Stich gelassen fühlten, glaubten sie, keine andere Wahl zu haben.

Die Beziehungen zwischen Deutschland und Österreich waren äußerst angespannt. Die meisten Österreicher begrüßten die Idee eines Anschlusses. Doch jetzt, da Deutschland in den Händen der Nationalsozialisten war, traten erhebliche Bedenken auf. Die österreichische Regierung beschwerte sich bitter über die massive finanzielle Unterstützung, die Österreichs Nazis erhielten. Als Antwort verhängten die Deutschen eine Abgabe von 1000 Reichsmark für jeden deutschen Bürger, der nach Österreich reiste. Dies schloss in wirksamer Weise die Grenze und zerstörte das Tourismusgeschäft Österreichs. Die Österreicher verlangten daraufhin

Visa und erschwerten damit den deutschen Nazis den Grenzübertritt. Die österreichischen Nazis verstärkten umgehend ihre Terroraktionen, die ihren Höhepunkt in der Ermordung des Bundeskanzlers Engelbert Dollfuß am 25. Juli 1934 erfuhren. Mussolini, besorgt darum, Österreich als Pufferstaat zwischen Italien und Deutschland zu verlieren, verlegte Truppen an die Grenze, und Hitler erachtete es als klug, jegliche Verbindung mit seinen renitenten Anhängern in Österreich abzustreiten.

91 Prozent der Wähler im Saargebiet stimmten trotz einer massiven antifaschistischen Propaganda in dem überwiegend von der Arbeiterklasse bewohnten Bergbaugebiet bei einer Volksabstimmung am 13. Januar 1935 für ihre Zugehörigkeit zu Deutschland. Im Februar lud Hitler den britischen Außenminister Sir John Simon und Lordsiegelbewahrer Robert Anthony Eden für den 7. März nach Berlin ein, um ein britisch-französisches Kommuniqué zu diskutieren. Dieses sah bestimmte Maßnahmen vor, um ein erneutes Wettrüsten zu verhindern. Doch nur drei Tage bevor die britische Delegation ankommen sollte, veröffentlichte die britische Regierung ein „Weißbuch" über Verteidigung, das eine beträchtliche Ausgabenerhöhung für die Streitkräfte forderte und als direkte Antwort auf Hitlers anmaßenden angriffslustigen Ton bezeichnet wurde. Hitler – durch seinen bemerkenswerten Sieg im Saarland ermutigt – verschob den Besuch unverzüglich, gab eine Indisposi-

tion vor und brüskierte mit großer Genugtuung damit die britische Regierung. Sechs Tage später, am 10. März, verkündete Göring die Gründung der deutschen Luftwaffe, die unter den Bedingungen des Versailler Vertrags ausdrücklich verboten war. Am 15. März bewilligte die französische Nationalversammlung die Verlängerung des Militärdienstes von einem auf zwei Jahre. Daraufhin verkündete Hitler am 16. März die Einführung der allgemeinen Wehrpflicht, um eine Wehrmacht mit 550 000 Mann zu schaffen.

Simon und Eden kamen schließlich am 25. März nach Berlin. Sie wurden zu einer Reihe von Reden eingeladen, von denen die meisten von Hitlers Lieblingsthema handelten, der drohenden Gefahr des Bolschewismus. Die beiden waren kaum in der Lage, zu Wort zu kommen. Als sie es endlich schafften, Beschwerde einzulegen, wurden sie rigoros in die Enge getrieben: Als Sir John Simon sich darüber beschwerte, dass Deutschland die Abrüstungsbestimmungen des Versailler Vertrags gebrochen hätte, stellte Hitler die Gegenfrage, ob Wellington ähnliche Einwände erhoben hätte, als Blücher auf dem Feld bei Waterloo ankam.

Vor allem die Franzosen waren über die neuesten Entwicklungen in Deutschland beunruhigt. In Reaktion auf den Röhm-Putsch im Juni sowie die Österreich-Krise im darauf folgenden Monat schlossen sie sich mit den Ländern in Mittel- und Osteuropa zusammen und näherten sich diplomatisch an Moskau an. Das Ergebnis war der französisch-sowjetische Beistandspakt vom 2. Mai 1935. Für die Sowjets, seit dem 18. September 1934 auch Mitglied des Völkerbunds, war dies eine mächtige antifaschistische Koalition. Es war aber ein in sich gespaltenes Bündnis, das von diversen ideologischen Unterschieden und Interessenskonflikten geprägt war. In der Zwischenzeit mündeten Frankreichs Versuche, Großbritannien und Italien davon zu überzeugen, gemeinsam gegen Deutschlands Missachtungen des Versailler Vertrags zu agieren, in der Stresa-Front vom 14. April 1935. Dieses Abkommen sollte sowohl die Verträge von Locarno aus dem Jahr 1925 aufrecht erhalten, als auch den internationalen Status quo garantieren.

Hitler war darüber nicht im Geringsten besorgt. Da er die Gespräche mit Simon und Eden eindeutig dominiert hatte, bestand kein Zweifel, dass sich die Briten entgegenkommend verhalten würden, wenn er eine dreiste Miene beibehielte. Dementsprechend entsandte er seinen Sonderbeauftragten Joachim von Ribbentrop nach London, um den vorherigen Besuch der britischen Delegation in Berlin abzurunden. Hitlers Dolmetscher und scharfsinniger Beobachter menschlicher Schwächen, Paul Schmidt, erinnerte dieser an den Hund des berühmten britischen Plattenladens HMV. Er war ein unausstehlicher, ungesitteter ehemaliger Sekt- und Weinhändler, dessen dreistes Verhalten ihm bald den Spitznamen „von

Brickendrop" eintrug [Anm. d. Übers.: Dieser englische Spottname ist auf die Redewendung „to drop a
brick" zurückzuführen, „ins Fettnäpfchen treten".].
In London verlangte Ribbentrop sogleich, dass
Deutschland freie Hand in Europa bekäme, um die
Sowjetunion zu zerstören. Als Gegenleistung könnte
Großbritannien unangefochtene Seemacht bleiben
und sich auf das Empire konzentrieren. Die britische
Regierung erwärmte sich nicht für diesen Vorschlag,
die Welt zu teilen, und drohte damit, die Verhandlungen abzubrechen, erklärte sich jedoch letztendlich mit dem Flottenabkommen vom 18. Juni 1935
einverstanden, in dem das Stärkeverhältnis der deutschen und britischen Seestreitkräfte mit insgesamt
35 zu 100 festgelegt wurde. U-Boote, Hitlers Lieb-
lingswaffe, waren davon ausgenommen.

Hitler hatte allen Grund, diesen als seinen
„glücklichsten Tag" anzusehen. Die Briten hatten
im Alleingang die Abrüstungsbestimmungen des
Versailler Vertrags vernichtet, ohne ihre französischen Verbündeten auch nur konsultiert zu haben.
Die Briten, deren Aufmerksamkeit der tatsächlichen
Gefahr durch Japan galt, waren über das Übereinkommen mit Deutschland erleichtert und entschlossen, jegliche Konfrontation zu vermeiden.

Hitler war durch die schwache britische und
französische Reaktion auf Italiens Überfall auf
Äthiopien ermutigt. Nach der Zustimmung Mussoli-
nis, dass dieser keine ernsthaften Einwände gegen

einen derartigen Schritt hatte und mit der Ratifikation des französisch-russischen Vertrages als Rechtfertigung, teilte Hitler am 2. März 1936 den Oberbefehlshabern der Wehrmacht seine Entscheidung mit, am 7. März Truppenteile in das gemäß Versailler Vertrag entmilitarisierte Rheinland einmarschieren zu lassen. In einer Reichstagsrede verkündete Hitler am 7. März, dass er keine weiteren territorialen Ansprüche hätte. Frankreich befand sich zur Zeit der Rheinlandbesetzung inmitten eines Wahlkampfes, und die Regierung war gelähmt. Die Briten wiederum sahen ihre lebenswichtigen Interessen nicht betroffen. Eden berichtete dem britischen Unterhaus, dass es keinen Anlass zur Aufregung gäbe. Churchills Warnungen wurden als Schmähreden eines Politikers abgetan, der nicht auf der Höhe seiner Zeit war.

Hitlers Triumph im Rheinland half, diejenigen zum Schweigen zu bringen, die die harten Lebensumstände auf die verstärkte Wiederaufrüstung und die Schikanen gegen die Kirchen zurückführten. In den Wahlen vom 29. März 1936 stimmten 98,8 Prozent für die „Liste des Führers". Hitlers Abgleiten in gänzlichen Größenwahn wurde durch diese Schwindel erregenden Erfolge außerordentlich beschleunigt. Seine Reden waren nun voll von Hinweisen auf glückliche Führung, seine heilige Mission und sein hellseherisches Vorherwissen, während Goebbels' Propagandamaschinerie Wolken von Weihrauch zu Ehren dieses übernatürlichen Wesens ausstieß.

Nach anfänglichem Zögern beschloss Hitler, der von ideologischen und wirtschaftlichen Überlegungen angespornt wurde, in den Spanischen Bürgerkrieg einzugreifen. Er kämpfte nun an der Seite von Mussolini für General Francisco Francos Nationalisten gegen die Republikaner der „marxistischen" Volksfront. Mussolini hatte bereits seinen Dank für Deutschlands Neutralität bei seiner Aktion gegenüber Äthiopien ausgedrückt, indem er die österreichische „Heimwehr" gegen die Nationalsozialisten nicht mehr unterstützte und erklärt hatte, keine Bedenken mehr gegen den „Anschluss" zu haben. Im Oktober 1936 kam der italienische Außenminister Galeazzo Ciano nach Berlin und unterzeichnete einen Pakt über gegenseitige Kooperation. Dann besuchte Ciano Hitler in Berchtesgaden, wo ihm sein Gastgeber den Vorschlag eines Offensivbündnisses unterbreitete, welches England zum Einlenken bewegen und den Kommunismus zerschlagen sollte. Hitler sagte, dass die deutsche Wehrmacht innerhalb der kommenden drei bis fünf Jahre einsatzbereit wäre. Am 1. November sprach Mussolini zum ersten Mal öffentlich von einer „Achse Berlin-Rom" und forderte andere europäische Staaten zur Kooperation auf.

Inzwischen war Ribbentrop frustriert darüber, dass er die britische Regierung nicht für seine Ideen gewinnen konnte. Fieberhaft arbeitete er daran, ein Abkommen mit Japan zu sichern, um so ein Dreierbündnis zwischen Rom, Berlin und Tokio zu bilden, das Großbritannien isolieren sollte. Sowohl das deutsche Außenministerium als auch die Wehrmachtführung waren gegen die Idee eines Vertrages mit Japan, und auch auf der japanischen Seite gab es erheblichen Widerstand. Der Militärattaché Generalleutnant Hiroshi Oshima, der später im Jahr 1936 Botschafter werden sollte, war ein begeisterter Verehrer des Nationalsozialismus und kämpfte lange und hart für ein Abkommen mit Deutschland. Das Resultat war der „Antikominternpakt" vom November 1936, eine vage Vereinbarung, von der Hitler glaubte, sie trage dazu bei, Druck auf Großbritannien auszuüben, um ein Übereinkommen mit Deutschland zu erreichen.

„Marsch in den Abgrund"

Die Wiederaufrüstung stellte nun eine untragbare Belastung für die Wirtschaft dar; die Militärausgaben waren von 3,3 Milliarden Reichsmark im Jahr 1933 auf 9 Milliarden Reichsmark im Jahr 1936 gestiegen. Es herrschte chronische Knappheit an Devisen, und Importpreise waren seit 1933 um durchschnittlich 9 Prozent gestiegen. Eine Serie schlechter Ernten verursachten einen Mangel an Nahrungsmitteln, so dass das Regime die Wahl zwischen „Butter und Kanonen" hatte. Hitler war entschlossen, das Tempo der Aufrüstung beizubehalten und unterstützte deshalb die Argumentation derjenigen, die einheimische Rohstoffquellen ausschöpfen und synthetisches Gummi und Petroleum herstellen wollten, um so die Abhängigkeit von Importen zu reduzieren. Alle Bedenken bezüglich der horrenden Kosten des Autarkieprogramms wies Hitler zurück, da er glaubte, sie mit der reichen Beute aus einem Eroberungskrieg ausgleichen zu können. In einem geheimen Memorandum vom August 1936 führte Hitler aus, dass das Land innerhalb von vier Jahren kriegsfähig zu sein hatte und dass mehrere kurze Kriege zu einer „Erweiterung des Lebensraumes bzw. Verbesserung der Rohstoff- und Nahrungsmittelsituation" führen würde.

Hitler machte sich in immer häufigeren Gefühlsausbrüchen über die Notwendigkeit Luft, eine Lösung für Deutschlands „Raumfrage" zu finden und die Angelegenheiten bereits 1938 militärisch zu lösen. Am 5. November 1937 berief er eine Geheimkonferenz auf höchster Ebene in der Reichskanzlei ein, bei der Neurath, der Reichskriegsminister Blomberg und auch die Oberbefehlshaber des Heeres, der Kriegsmarine und der Luftwaffe, Werner Freiherr von Fritsch, Erich Raeder und Göring anwesend waren. In einem vierstündigen Monolog teilte Hitler ihnen einleitend mit, dass seine Ausführungen für den Fall seines Ablebens als testamentarische Hinterlassenschaft anzusehen wären.

Die Konferenz begann mit einem ausschweifen-
den Diskurs über vertraute Themen wie den Sozial-
darwinismus, Rassen- und Geopolitik, die Notwendigkeit, die Volksmasse zu stärken und „Lebensraum" zu sichern. Keines dieser anstehenden
Probleme könnte ohne Rückgriff auf Gewalt bewäl-
tigt werden. Hitler kündigte dann an, dass in einem
ersten Schritt Österreich annektiert werden und
dann die Tschechoslowakei angegriffen werden
müsste. Deutschland müsste sowohl für den Kampf
gegen England als auch gegen Frankreich vorbereitet
sein, sollten diese sich dazu entscheiden, einzugreifen. Er schob alle Bedenken beiseite, erkannte aber,
dass er traditionell denkende Männer wie Neurath
und Fritsch ersetzen musste, um die Kooperation
des Außenministeriums und der Wehrmacht für diese gewagte Strategie sicherzustellen.

Im Januar 1938 konnte die österreichische Polizei beweisen, dass die Nationalsozialisten für so viel
Unruhe zu sorgen planten, dass die Deutschen eine
Rechtfertigung für ein Eingreifen zur Wiederherstellung von Recht und Ordnung hätten. Der österreichische Bundeskanzler Kurt von Schuschnigg beschloss
Hitler zu besuchen, um die Spannungen zwischen
den beiden Ländern zu entschärfen. Unmittelbar
nach seiner Ankunft am 12. Februar 1938 in Berchtesgaden wurde er Opfer von Hitlers Schmähtiraden,
mit denen Österreich sämtlicher Vergehen bezichtigt
wurde – einschließlich des „Volksverrats". Hitler

drohte dem österreichischen Bundeskanzler damit, dass sein Befehl ausreichen würde, um das Land zu zerstören. Ribbentrop verlangte sodann die Ernennung des Nationalsozialisten Arthur Seyß-Inquart zum Minister für öffentliche Sicherheit, eine allgemeine Amnestie für alle Nazis und die Abstimmung der österreichischen Außen- und Wirtschaftspolitik mit dem Deutschen Reich. Ferner sollten regelmäßige Konsultationen zwischen den beiden Generalstäben angesetzt werden.

Schuschnigg glaubte, keine andere Wahl zu haben, als auf die Forderungen einzugehen, doch nach seiner Rückkehr legte er für den 13. März eine Volksabstimmung für ein „freies, deutsches, unabhängiges, soziales, christliches und vereinigtes Österreich" fest. Die Nazis deuteten dies als Provokation, zumal die für die Bewegung besonders empfänglichen Jungwähler ausgeschlossen waren. Österreich glitt in eine brutale Anarchie ab. Der österreichische Bundespräsident Wilhelm Miklas verweigerte couragiert Hitlers Forderungen, Seyß-Inquart zum Bundeskanzler zu ernennen, woraufhin die österreichischen Nazis die Regierungsgebäude in Wien besetzten. Hitler erteilte daraufhin seinen Truppen den Befehl, die Grenze zu überschreiten.

Die deutsche Wehrmacht traf am 12. März auf einen begeisterten Willkommensjubel und Hitler kehrte triumphierend in seine Geburtsstadt Braunau zurück, bevor er sich weiter nach Linz begab, wo

er – beeindruckt von der enormen und begeisterten
Volksmenge – den „Anschluss" Österreichs an das
Deutsche Reich verkündete. Von Linz aus fuhr er
nach Wien, wo er zu einer noch größeren Menschenmenge ekstatischer Anhänger sprach. Am 10. April
fand eine Volksabstimmung statt, in der 99 Prozent
der Wahlberechtigten ihre Zustimmung für den Anschluss gaben, einschließlich des österreichischen
Sozialistenführers Karl Renner. Österreich existierte nicht mehr, wurde deutsche Provinz und fortan
als „Ostmark" bezeichnet. Die deutsche Reichsmark ersetzte den österreichischen Schilling. Über
Nacht mussten die Österreicher lernen, wie die
Deutschen im Straßenverkehr auf der rechten Seite
zu fahren.

Für die österreichische jüdische Gemeinschaft
waren dies Tage des Horrors. Österreichische Nazis
waren noch boshafter und brutaler in ihrem Antisemitismus als ihre deutschen Parteigenossen, was
wiederum zur Radikalisierung der Deutschen unmittelbar nach dem „Anschluss" beitrug. Einheiten
der SS und der Polizei folgten der Wehrmacht und
vollzogen – zusammen mit ihren österreichischen
Unterstützern – ein bestialisches Pogrom gegen die
jüdische Bevölkerung, durch das Tausende unschul-
diger Opfer ermordet, brutal geschlagen, verhaftet
und enteignet wurden. Ihre Demütigungen und
grausamen Misshandlungen wurden von jubelnden
Volksmassen begleitet. Es bot einen fürchterlichen

Vorgeschmack auf das, was in Deutschland am 9. November geschehen sollte.

Bestärkt durch seinen Triumph in Österreich, ermutigt durch die kraftlose Stellung Großbritanniens und Frankreichs und von Mussolini unterstützt, galt Hitlers Aufmerksamkeit nun der Tschechoslowakei. Am 21. April teilte er dem Oberkommando der Wehrmacht mit, dass er entweder nach einleitendem diplomatischem Geplänkel den Krieg beginnen oder einige Zwischenfälle nutzen würde, um blitzartig loszuschlagen. Er hatte sich bereits für die zweite Möglichkeit entschieden und den Führer der Sudetendeutschen Partei Konrad Henlein damit beauftragt, Forderungen an die tschechoslowakische Regierung zu stellen, die unmöglich erfüllt werden könnten.

Am 30. Mai gab Hitler der Wehrmachtführung bekannt, dass er in absehbarer Zukunft die Zerschlagung der Tschechoslowakei durch eine militärische Aktion beabsichtigte. Im ganzen Sommer 1938 gab es im Sudetenland weit verbreitete Gewalt, während sich die Krise zuspitzte. Am 15. September flog der britische Premierminister Arthur Neville Chamberlain nach München, um Hitler in Berchtesgaden zu treffen. Er teilte diesem mit, dass weder Großbritannien noch Frankreich Einwände erheben würden, wenn Teile des Sudetenlandes an Deutschland angegliedert würden.

Hitler war von Chamberlains Bereitwilligkeit

nachzugeben überrascht. Er beschloss, einen härteren Kurs zu fahren, wenn sie sich erneut am 22. September in Bad Godesberg treffen würden. Der polnischen und ungarischen Regierung hatte er bereits mitgeteilt, dass er ihre Ansprüche gegenüber der Tschechoslowakei unterstützen würde. Chamberlain stellte er bei dem zweiten Treffen neue Forderungen und sagte, dass er bereit sei Gewalt anzuwenden, sollte seinem Willen nicht unmittelbar stattgegeben werden.

Ein Krieg erschien nun unabwendbar. Sowohl die Tschechoslowakei als auch Frankreich machten mobil. Großbritannien bereitete sich auf einen Krieg vor und die Sowjetunion versprach ihre Unterstützung. Hitler ließ sieben Divisionen an die tschechische Grenze vorrücken. Gegenkräfte in Deutschland wurden aktiv. Bereits im August war General Ludwig Beck aus Protest gegen Hitlers riskante Außenpolitik als Stabschef zurückgetreten. Daraufhin nahmen Oberstleutnant Hans Oster aus der militärischen Abwehr und der Leipziger Oberbürgermeister Carl Goerdeler Kontakt zu britischen Politikern auf und baten um eine klare Stellungnahme gegen Hitler. Sehr zu Hitlers Missfallen sah die Mehrheit der Deutschen einem möglichen Krieg mit düsteren Befürchtungen entgegen.

Ermuntert von Mussolini und einem weiteren Angebot Chamberlains, stimmte Hitler einem Treffen mit dem britischen und französischen Premierminister und Mussolini am 29. September in München zu. Ohne die Tschechoslowakei oder die Sowjetunion zu konsultieren, willigten Chamberlain und Édouard Daladier ein, dass die Gebiete des Sudentenlandes, in denen Deutsche die Bevölkerungsmehrheit bildeten, zwischen dem 1. und 10. Oktober 1938 an Deutschland abgetreten werden sollten.

In gewisser Hinsicht stellte das Münchner Abkommen einen Triumph für Hitler dar. Er gewann ein bedeutendes Industriegebiet dazu, das reich an natürlichen Ressourcen und höchst qualifizierten Arbeitskräften war. Die Tschechoslowakei war so gut wie wehrlos und ihre Wirtschaft lag am Boden. Doch wurde Hitler die Krise verwehrt, die er brauchte, um das Land zu zerstören und triumphierend in Prag einzumarschieren. Er war erbost darüber, dass Chamberlain und Daladier von den meisten Deutschen als Helden angesehen wurden und fragte sich: „Wie kann ich mit einem solchen Volk in den Krieg ziehen?" Am 10. November, dem Tag nach dem landesweiten Pogrom an den Juden, ordnete Hitler in einer ausführlichen Rede an Pressevertreter an, sich von allem Friedensgerede zu distanzieren und das Volk für den Krieg zu stählen.

Am 21. Oktober 1938 erteilte Hitler die Anordnung für die Zerstörung der Tschechoslowakei und die Inbesitznahme des Memellandes. Zu diesem Zweck wurde der slowakische Präsident Monsignore Jozef Tiso dazu aufgefordert, die Unabhängigkeit der Slowakei zu erklären.

Nazi-Deutschland befand sich nun auf direktem Weg in den Krieg. Es wurde von seiner inneren Dynamik angetrieben und war praktisch außer Kontrolle. Hitler war nun absoluter Diktator, welcher der zunehmenden Wirtschaftskrise keine Beachtung schenkte und der sämtlichen Vorsichtsmaßnahmen gegenüber immun war. Er sprach unentwegt von einem „Weltanschauungskrieg" und „Rassenkrieg". Am 30. Januar 1939, dem sechsten Jahrestag der „Machtergreifung", sagte er vor dem Reichstag: „Wenn es dem internationalen Judentum in und außerhalb Europas gelingen sollte, die Völker noch einmal in einen Weltkrieg zu stürzen, dann wird das Ergebnis nicht die Bolschewisierung der Erde und damit der Sieg des Judentums sein, sondern die Vernichtung der jüdischen Rasse in Europa." Hitler versprach daraufhin die Schaffung eines großdeutschen Reiches, das von allen fremdartigen Rassenelementen gereinigt wäre. Zu diesem Zeitpunkt führte kein Weg mehr zurück.

Tiso folgte sklavisch den Befehlen aus Berlin und erklärte die Slowakei am 14. März für unabhängig. Noch am selben Tag reiste der tschechische Staatspräsident Emil Hácha im verzweifelten Versuch nach Berlin, die Unabhängigkeit seines Rumpfstaates zu bewahren. Hitler raste und tobte und der unglückselige Hácha erlitt einen Herzanfall. Nachdem er von Hitlers Leibarzt Dr. Theodor Morell wiederbelebt worden war, wurde ihm mitgeteilt, dass er entweder

das Land an das Deutsche Reich abzutreten habe
oder einer bewaffneten Auseinandersetzung entge-
gensehen müsste. Der gedemütigte Präsident unterzeichnete daraufhin ein Dokument, mit dem er sein
unglückliches und betrogenes Volk „vertrauensvoll
in die Hände des Führers des Deutschen Reiches"
übergab.

In dieser Nacht marschierten deutsche Truppen
über die Grenze. Am darauf folgenden Tag erreichte
Hitler Prag, wo er von einer schweigsamen, gebroche-
nen und weinenden Menschenmenge empfangen
wurde. Die Tschechische Republik wurde in das
„Protektorat Böhmen und Mähren" umbenannt und
war folglich der Besetzung durch ein erbarmungsloses
Regime unterworfen.

Am 21. März besetzten deutsche Truppen Me-
mel (Klaipéda), deutsches Territorium, das Litauen
unter den Bedingungen des Friedensabkommens von
Versailles zuerkannt worden war. Dies bestärkte
Polen in seinem Entschluss, weiteren Widerstand
gegen Deutschlands Forderungen bezüglich der Dan-
zigfrage zu leisten. Am 31. März erklärte die britische Regierung, für die Sicherheit von Polen und
Rumänien eintreten zu wollen. Hitler war außer
sich. Am 3. April befahl er, Pläne für den Einmarsch
in Polen ausarbeiten zu lassen. Sein 50. Geburtstag
wurde am 20. April mit einer waffenstarrenden Para-
de in Berlin begangen, und eine Woche später kündigte er den deutsch-polnischen Nichtangriffspakt

von 1934 und das deutsch-britische Flottenabkommen von 1935 auf. Am nächsten Tag wies er Präsident Franklin Delano Roosevelts Appell für den Weltfrieden in einer unerbittlichen spöttischen Rede zurück.

Großbritannien und Frankreich machten nun einen halbherzigen Versuch, die Sowjetunion zur Unterzeichnung eines europäischen Sicherheitspaktes zu bewegen, doch war Stalin zutiefst misstrauisch gegenüber diesen beiden imperialistischen Mächten. Weder Polen noch Rumänien drangen ihrerseits darauf, ihre Sicherheit in die Hände einer Macht zu legen, die substanzielle Ansprüche auf ihr Territorium erhob. Im Mai wurde der sowjetische Außenkommissar Maxim Litwinow, der sowohl Repräsentant einer westlich orientierten Außenpolitik als auch Jude war, durch den kaltblütigen Stalinisten Wjatscheslaw Molotow ersetzt. Dieser Schritt wurde als deutliches Signal an Berlin aufgefasst, zumal von sowjetischer Seite nun auch häufig der deutsch-sowjetische Vertrag von Rapallo erwähnt wurde.

Hitler entschloss sich für die Probe aufs Exempel. Der „Stahlpakt" zwischen Berlin und Rom brachte nicht allzu viel, da Mussolini klar gemacht hatte, dass Italien nicht vor 1943 kriegsfähig wäre. Gespräche mit Japan bezüglich eines ähnlichen Militärbündnisses waren gescheitert. Hitler hatte den 26. August als Datum für die Invasion Polens festgesetzt und stand mit diesem gewagten Unterfangen

praktisch ohne einen Verbündeten da. Joachim von
Ribbentrop, der Neurath im Jahr 1938 als Außenminister ersetzte, machte den ersten Schritt auf Molotow zu, der positiv reagierte. Ribbentrop flog am
23. August nach Moskau und wurde sofort zu Stalin
geführt. Er war damit der erste Minister einer ausländischen Regierung, der Stalin traf. Innerhalb weniger
Stunden war eine Einigung erzielt, als Hitler sich damit einverstanden erklärte, ganz Lettland der Sowjetunion zu überlassen. Der Ribbentrop-Molotow-Pakt,
der in Wirklichkeit direkt mit Stalin verhandelt wurde, war ein Nichtangriffspakt, der auf zehn Jahre an-
gelegt war und mit sofortiger Wirkung in Kraft trat.
In einem geheimen Zusatzprotokoll wurde der Sowjetunion freie Hand über das östliche Polen bis zu
einer Linie entlang der Flüsse Narew, Weichsel und
San, einschließlich Estland, Lettland, Finnland und
Bessarabien (dem heutigen Moldawien und der west-
lichen Ukraine) gelassen. Über die Zukunft Polens
sollte zu einem späteren Zeitpunkt entschieden werden. Nach der Unterzeichnungszeremonie wurden
zahlreiche Toasts ausgesprochen und in einem Meer
von Wodka versenkt. Die Unterhändler tauschten
aus, was man in derartigen Kreisen unter Witzen verstand. Dieses Gelage fand bis zwei Uhr morgens
statt.

Am 25. August, dem Vorabend der geplanten Invasion in Polen, erlitt Hitler zwei Rückschläge. Die
britische Regierung beschloss letztendlich den Bei-

standspakt mit Polen, und Mussolini gab bekannt, dass er sich nicht an dem Krieg beteiligen würde. Hitler erkundigte sich nervös, ob der Angriff verschoben werden könnte. Ihm wurde versichert, dass dies möglich wäre. Der 1. September wurde als neuer Angriffstermin festgelegt. Göring warnte Hitler, dass er kein Vabanquespiel treiben sollte. Hitler entgegnete: „Ich habe in meinem Leben immer Vabanque gespielt." Diesmal würde es keine weitere Verzögerung geben. Um 4.45 Uhr am Morgen des 1. September eröffnete das Kriegsschiff *Schleswig-Holstein* das Feuer auf die polnische Garnison auf der Westerplatte bei Danzig, während Sturzkampfbomber (Stukas) von der Stadt her angriffen. In Europa war wieder Krieg.

4 Die Kriegsjahre und das Ende des Dritten Reiches

2. September 1939 bis 9. Mai 1945

Der Ostfeldzug

Großbritannien und Frankreich erklärten dem Deutschen Reich am 3. September den Krieg, die Dominions wenige Tage später. Sie taten jedoch nichts, um Polen zu helfen. Der „Sitzkrieg" im Westen ermöglichte es Deutschland, sich auf einen schnellen Kampf im Osten zu konzentrieren. Innerhalb weniger Wochen hatten sie die Außenbezirke von Warschau erreicht. Eine Woche später war die Stadt eingeschlossen. Am 17. September verließ die polnische Regierung das Land, und sowjetische Truppen marschierten in Ostpolen ein. Warschau kapitulierte zehn Tage später, nachdem die Stadt durch schwere Luft- und Artillerieangriffe in die Knie gezwungen worden war. Am nächsten Tag teilten Deutschland und die Sowjetunion die Kriegsbeute auf: Litauen wurde von den Sowjets besetzt, Warschau und Lublin von den Deutschen. Die Kampfhandlungen endeten am 6. Oktober.

SS-Einsatzgruppen, die aus ausgewählten Männern des Sicherheitsdienstes und der Sicherheitspolizei bestanden, folgten den siegreichen Wehrmachtsverbänden. Ihnen war befohlen worden, alle „reichs- und deutschfeindlichen Elemente im Feindesland rückwärts der fechtenden Truppe" zu bekämpfen. Sie verhafteten sofort 30 000 Repräsentanten der polnischen Elite, verschleppten sie in Konzentrationslager, wo sie, in Heydrichs Worten, „unschädlich gemacht" wurden. Am 21. September ließ Heydrich alle Juden in größeren Städten zusammentreiben. Unterdessen wurde Himmlers Befehl sehr frei interpretiert, kurzerhand alle „Freischärler" hinzurichten; die Einsatzgruppen ergingen sich in einer regelrechten Schlachtorgie. Sie bekamen bereitwillige Unterstützung sowohl von Wehrmachtsverbänden als auch von Deutschen, die in Polen lebten und sich in Milizeinheiten als so genannter *Volksdeutscher Selbstschutz* organisiert hatten. Zur Ehrenrettung einiger hoher Wehrmachtsoffiziere wie Fedor von Bock und Johannes Blaskowitz sollte aber daran erinnert werden, dass diese vehement gegen die Barbarei protestierten. Hitler kritisierte deren Einwände als „kindisch" und führte sie auf eine „Heilsarmeeattitüde" zurück.

Im Oktober wurde die Hälfte des von Deutschland besetzten Polen an das Deutsche Reich angegliedert. Der Rest wurde als „Generalgouvernement" bezeichnet und sollte als Arbeitskräftereservoir dienen, in dem die Menschen ein Helotendasein führen und der „Herrenrasse" dienen sollten. Hitler ernannte Himmler zum „Reichskommissar für die Festigung des deutschen Volkstums", der sich unmittelbar danach an die Vertreibung der Polen und Juden aus den unlängst annektierten Gebieten machte. Ende 1940 waren 325 000 polnische Staatsbürger deportiert und enteignet worden, und ihr Platz wurde von Deutschen aus den baltischen Ländern und Wolhynien eingenommen.

Die Bevölkerung wurde den nationalsozialistischen Rassenkriterien entsprechend in vier Kategorien eingeteilt. Auf der obersten Stufe standen die „Reichsbürger", worunter die „Volksdeutschen" und „eindeutschungsfähigen" Polen zu verstehen waren. Als nächstes kamen zwei Kategorien von Staatsangehörigen, die darauf überprüft werden sollten, ob sie zu wahren Deutschen gemacht werden könnten. Auf der untersten Stufe befanden sich die als „Schutzangehörige" bezeichneten sechs Millionen Polen, die der überlegenen Rasse zu dienen hatten.

311 000 von diesen polnischen „Schutzangehörigen" wurden zur Arbeit in der Rüstungsindustrie nach Deutschland geschickt – einige davon freiwillig, andere mit Gewalt. Weitere 400 000 Arbeiter wurden im Jahr 1942 entsandt. Unterdessen wurden die seit kurzem annektierten Gebiete Anfang 1940 als „judenfrei" erklärt und die Juden wurden in Warschau, Krakau, Lemberg, Lublin und Radom zwangsghettori-

siert. Für zahlreiche Juden kam es nicht mehr zu dieser vorübergehenden „Ruhepause" in den Ghettos, weil sie sofort von Einsatzgruppen ermordet wurden. Die Deutschen waren entschlossen, die polnische Intelligenz auszurotten, und so wurden 17 Prozent jener als „Intellektuelle" Aufgelisteten umgebracht. Ebenfalls im Jahr 1940 baute die SS in Auschwitz ein riesiges Konzentrationslager, in dem polnische Gefangene als Arbeitssklaven behandelt und willkürlich hingerichtet wurden. Die ersten Opfer der systematisch industrialisierten Ermordung in Auschwitz waren sowjetische Kriegsgefangene, Polen und Kranke.

An dem Tag, an dem die Kampfhandlungen in Polen aufhörten, unterbreitete Hitler Großbritannien und Frankreich ein Friedensangebot. Es war ein äußerst hinterlistiger Schritt, da er gleichzeitig die Befehle zum nächstmöglichen Einmarsch in die Niederlande, Belgien und Frankreich erteilte. Damit wollte er zuerst den Westen gesichert wissen, bevor er sich auf einen Krieg gegen die Sowjetunion einließ. Die militärischen Führer hielten dies für eine äußerst riskante Vorgehensweise und Oberbefehlshaber Walther von Brauchitsch versuchte vergeblich, Hitler zum Einlenken zu bewegen. Schlechte Wetterverhältnisse zwangen Hitler schließlich, einer Verschiebung des Angriffs auf den Westen, genannt „Fall Gelb", am 10. Mai 1940 zuzustimmen.

Einige Offiziere im Umfeld von General Ludwig Beck planten Hitlers Sturz. Göring machte erneut einen halbherzigen Versuch, den Krieg aufzuhalten. Er glaubte, dass die deutschen Streitkräfte nicht ausreichend für einen seiner Ansicht nach womöglich langwierigen Krieg vorbereitet wären. Einige drohende Bemerkungen Hitlers über „Defätisten" unter seinen Generälen reichten aus, um die Opposition zum Schweigen zu bringen. Am 9. November platzierte der Schreiner Georg Elser eine Bombe unter das Rednerpult im Münchner Bürgerbräukeller, wo Hitler bei einer Versammlung „alter Kämpfer" am Jahrestag des Hitler-Putsches von 1923 sprach. Der Sprengsatz ging hoch, verfehlte aber Hitler um einige Minuten.

Im April 1940 fielen die Deutschen in Norwegen ein, um dem britisch-französischen Expeditionskorps zuvorzukommen und die Versorgung mit dem für die Kriegswirtschaft wichtigen schwedischen Erz sicherzustellen. Das Unternehmen „Weserübung" verlief rasch, ökonomisch und traf auf sehr wenig Widerstand; doch gelang es der Royal Navy, etliche deutsche Schiffe zu versenken. Der Angriff auf Dänemark – „Weserübung Süd" – war ein noch größerer Erfolg und die Gesamtoperation verlief innerhalb von 24 Stunden.

Der Westfeldzug

Die Verschiebung des Angriffstermins für die
Westoffensive wirkte sich für Deutschland positiv
aus. Dank der herkulischen Anstrengungen von Fritz
Todt wurde die Rüstungsproduktion um 50 Prozent
gesteigert. Außerdem hatte die Armee nun einen
hervorragenden, von Generalleutnant Erich von
Manstein erarbeiteten, Angriffsplan. Heeresgruppe A
sollte mit ihren Panzerkräften und der motorisierten
Infanterie durch die Ardennen bis zur französischen
Kanalküste bei Dünkirchen in einer „Sichelschnitt-
bewegung" vorstoßen. Heeresgruppe B sollte Belgien
und die Niederlande besetzen und dadurch den Großteil der gegnerischen Streitkräfte zwischen den beiden Heeresgruppen einkesseln. Heeresgruppe C sollte sich auf die französischen Streitkräfte entlang der
Maginot-Linie konzentrieren, ohne diese schwer be-
festigten Verteidigungsstellungen tatsächlich anzu-
greifen.

Der Angriff wurde am 10. Mai gestartet und
verlief reibungslos. Die Franzosen waren von dem
rasanten Vorstoß überrascht und die Briten wurden
gezwungen, in der „Operation Dynamo" – einer her-
vorragend organisierten Evakuierung – den Kontinent zu verlassen. Der „Geist von Dünkirchen"
wurde zu einem Mythos und verwandelte eine taktische Niederlage in einen überwältigenden Triumph

des britischen Geistes. Die Dritte Republik in
Frankreich wurde von politischem Dissens zerrissen
und begann auseinander zu fallen. Die Waffenstill-
standsverhandlungen begannen am 21. Juni, be-
zeichnenderweise in demselben Eisenbahnwaggon,
in dem die Deutschen 1918 ihre Kapitulation unterzeichnen mussten. Typischerweise wurden die er-
oberten Gebiete unterschiedlich behandelt; folglich
entstand ein eilig improvisiertes Durcheinander der
Verwaltungsbehörden von Militär, Staat und Partei.
Frankreich wurde in zwei Zonen aufgeteilt. Der
Norden blieb unter deutscher Besatzung und der
Süden bildete einen Rumpfstaat mit einer autoritären Regierung in dem Kurort Vichy unter Marschall
Pétain, dem achtzigjährigen Helden von Verdun. Das
Elsass, Lothringen und Luxemburg wurden annektiert und von einem Gauleiter regiert. Belgien wurde
unter militärische Besatzung gestellt. Die Niederlande wurden von einem Reichskommissar verwaltet. Dänemark behielt theoretisch gesehen seine
Souveränität; seine Regierung blieb im Amt, die
Deutschen überbrachten ihre Forderungen auf traditionellen diplomatischen Wegen. Obwohl es unter
militärischer Besatzung stand, behielt es seine eigenen Streitkräfte. Josef Terboven wurde zum Reichskommissar von Norwegen ernannt. Auf Hitlers
Befehl hin versuchte er erfolglos, eine zuverlässige
Regierung unter dem Führer der norwegischen Nationalsozialisten Vidkun Quisling zu bilden, der von

Terboven – wie von den meisten Norwegern – von Grund auf verabscheut wurde.

Hitler richtete nun sein Augenmerk auf Großbritannien. Dieses stellte ein großes Problem für ihn dar. Er verstand nicht, warum die Briten es ablehnten Frieden zu schließen – zu einem Zeitpunkt, an dem sie hilflos erschienen. Aber auch im Falle eines deutschen Sieges über Großbritannien würde die Frage um das Empire weiter bestehen. Würde es in die Hände der Japaner oder der Amerikaner fallen und somit einen oder gar beide zukünftigen Rivalen Deutschlands unermesslich stärken? Sowohl Hitler als auch seine Generäle schätzten eine Invasion als zu riskant ein, bevor nicht die absolute Luftüberlegenheit gewährleistet war. Aus diesem Grund begann die Luftwaffe am 5. August mit massiven Angriffen. Indem die Luftangriffe am 24. August von Start- und Landebahnen bzw. Radaranlagen auf zivile Ziele wechselten, wurde den „Wenigen" des Fighter Command der Royal Air Force eine Atempause ermöglicht, wodurch sie die Luftschlacht um England gewinnen konnten [Anm. d. Übers.: „die Wenigen", Synonym für die Piloten der Royal Air Force; geht zurück auf Winston Churchill, der über die Bedeutung der Schlacht bemerkte: „Nie zuvor in der Geschichte des kriegerischen Konflikts verdankten so viele so wenigen so viel."]. Die Luftoffensive wurde am 17. September aufgegeben und Hitler erlitt seine erste große Niederlage, was er selbst widerwillig und

gezwungenermaßen zugeben musste. Admiral Raeder schlug jetzt einen konzentrierten Angriff auf
britische Streitkräfte im Mittelmeerraum und im
Nahen Osten vor.

Der Überfall auf die Sowjetunion

Am 31. Juli 1940 befahl Hitler seinen Generälen,
einen Angriff auf die Sowjetunion vorzubereiten und
argumentierte, Russland sei „Englands letzte Hoffnung". Angesichts der Einigkeit aller Experten darüber, dass die Rote Armee sich in einem ungeordneten
Zustand befand, war man von einem Sieg überzeugt.
Hitler sagte, man müsse nur „die Tür eintreten" und
die „ganze verrottete" Sowjetunion werde zusam-
menbrechen. Goebbels war derselben Meinung: „Der
Bolschewismus wird wie ein Kartenhaus zusammen-
brechen." Die Theorie, dass es sich hierbei um einen
Präventivkrieg handelte, den die Deutschen führten,
weil sie glaubten, die Sowjets stünden kurz vor
einem Angriff, ist reine Fantasie, hinter der sich fins-
tere politische Ansichten verbergen. Da sich praktisch das gesamte kontinentale Europa unter deutscher Kontrolle befand, war vielmehr klar, dass die
Vereinigten Staaten nicht wagen würden, einzugreifen. Damit stand Deutschland all der „Lebensraum"
zur Verfügung, den es sich nur wünschen konnte.
Molotow besuchte Berlin am 12. und 13. No-

vember und Hitler machte den grotesken Vorschlag, das britische Empire als Kriegsbeute unter ihren beiden Ländern aufzuteilen. Molotow erwiderte, Deutschland müsste, wollte es auch künftig gute Beziehungen mit der Sowjetunion aufrecht erhalten, der sowjetischen Kontrolle über Finnland, Rumänien, Bulgarien und die Meerengen zustimmen – also Gebieten, die für die Verteidigung der Sowjetunion eine wesentliche Rolle spielten. Später fügte er Ungarn, Jugoslawien und Ostpolen dieser beachtlichen Liste hinzu. Hitler war beruhigt, dass Molotow ihm damit weitere Gründe gegeben hatte, seine Pläne für einen Angriff auf die Sowjetunion zu verwirklichen und verkündete später, dass sein Pakt mit Stalin „nicht einmal eine Vernunftehe bleiben" würde. Am 18. Dezember erging seine „Weisung Nr. 21 Fall Barbarossa", nach der die deutsche Wehrmacht darauf vorbereitet sein müsse, „auch vor Beendigung des Krieges gegen England Sowjetrussland in einem schnellen Feldzug niederzuwerfen".

Es sollte kein normaler Krieg werden. Hitler verkündete, dass es sich um einen „Krieg zwischen Weltanschauungen" handele, in dem die Einsatzgruppen die „jüdisch-bolschewistische Intelligenz" vernichten würde. Es gab kein Erbarmen für die Zivilbevölkerung. Himmler und die SS wurden mit „Sonderaufgaben" innerhalb des Operationsgebietes der Wehrmacht betraut, was den „endgültig auszutragenden Kampf zweier entgegengesetzter politischer Systeme" beinhaltete. Im Januar 1941 gab Himmler bekannt, dass 30 Millionen Menschen im Osten zu beseitigen wären, um eine ausreichende Nahrungsmittelversorgung für Deutschland sicherzustellen. Diese Zahl stieg mit dem „Generalplan Ost", den Himmler zwei Tage nach Beginn des Unternehmens Barbarossa veröffentlicht hatte, auf 31 Millionen an. Hitler gab der Wehrmacht wiederholt Anweisungen, die Soldaten der Roten Armee nicht als normale Soldaten zu behandeln, die Kriegsregeln zu ignorieren und gnadenlos zu sein. Seit Beginn der Planungsphase war die Wehrmacht tief in die verbrecherische Handlungsweise dieses entsetzlichen Feldzugs verwickelt. Die meisten seiner Generäle befürworteten enthusiastisch Hitlers krankhafte Vision eines Kreuzzugs gegen die asiatisch-jüdisch-bolschewistischen „Untermenschen". Ein paar von ihnen schwiegen. Niemand erhob ernsthafte Einwände.

Am 13. Mai 1941 wurde ein Dekret veröffentlicht, wonach „Straftaten feindlicher Zivilpersonen" nicht mehr vor das Kriegsgericht kommen, sondern alle „tatverdächtigen Elemente" auf Befehl eines Offiziers standrechtlich erschossen werden sollten. Kein deutscher Soldat durfte für Straftaten gegen feindliche Zivilpersonen bestraft werden. Somit hatten perverse Unmenschen und Sadisten freie Hand.

Der berüchtigte „Kommissarbefehl", laut dem alle gefangenen Politkommissare der Roten Armee

sofort erschossen werden sollten, wurde am 6. Juni
erlassen. Politkommissare, die hinter den deutschen
Linien entdeckt wurden, mussten an die Einsatzgruppen zur unmittelbaren Beseitigung übergeben
werden. Die Wehrmacht lehnte diese beiden Befehle
aus praktischen wie auch aus moralischen Gründen
ab. Es wurde häufig behauptet, dass der Kommissarbefehl nur den sowjetischen Widerstandswillen ver-
stärke und dass die militärische Disziplin der Wehrmacht wegen der eingeschränkten Gerichtsbarkeit
aufgrund des vorangegangenen Dekretes ernsthaft
bedroht sei.

General Georg Thomas, Leiter des Wehrwirt-
schafts- und Rüstungsamtes, beriet sich im Frühjahr
1941 mit etlichen prominenten Zivilbeamten aus
unterschiedlichen Ministerien und beschloss, dass
die Wehrmacht sich in der Sowjetunion ohne Versorgung aus dem Heimatland zu ernähren hatte. Man
war sich darüber einig, dass „mehrere Millionen"
Sowjetbürger dadurch verhungern würden, doch
waren derartige Tatsachen den angesehenen Staats-
dienern gleichgültig.

Im Mai wurde Heydrichs Einsatzgruppen befohlen, alle Juden in den besetzten Gebieten zu ermorden, denn sie galten als „biologische Wurzel" des
Bolschewismus. Da die Wehrmacht für die logisti-
sche Unterstützung der Einsatzgruppen verantwortlich war, war sie erneut tief in dieses unbeschreib-
liche Verbrechen verwickelt. Die viel gerühmte Ehre

der deutschen Wehrmacht war damit endgültig verloren.

Mitte Dezember 1940 ordnete Hitler Vorbereitungen für einen Balkanfeldzug an, um die Flanken des Unternehmens „Barbarossa" zu sichern, und um die rumänischen Ölfelder vor Angriffen der Royal Air Force zu schützen. Ein prowestlicher Putsch in Belgrad Ende März 1941 erzürnte Hitler, der daraufhin einen unverzüglichen Angriff auf Jugoslawien und Griechenland befahl. Jugoslawien kapitulierte am 17. April, Griechenland folgte vier Tage später. Eine große Anzahl deutscher Truppen geriet nun in einen brutalen und blutigen Kampf gegen hoch motivierte und ortskundige Partisanen auf dem Balkan.

Am 22. Juni 1941 griffen die Deutschen die Sowjetunion mit 153 Divisionen und insgesamt 3 Millionen Soldaten an. Da Hitler einen schnellen, drei Monate dauernden Kampf erwartete, hielt er wenige Reserveneinheiten bereit und es wurden auch keine Vorbereitungen für einen Kampf während des Winters getroffen. Die Anfangsphase des Unternehmens Barbarossa schien diese Zuversicht zu bestätigen. Innerhalb weniger Monate rückte die Heeresgruppe Nord an Leningrad heran, die Heeresgruppe Süd hatte Charkow erreicht und die Heeresgruppe Mitte stand 30 Kilometer vor der sowjetischen Hauptstadt.

Am 5. Dezember startete Marschall Georgij Schukow eine massive Gegenoffensive nördlich und südlich von Moskau. Die Deutschen wurden etwa

100 bis 250 Kilometer zurückgedrängt; damit war jegliche Hoffnung auf ein schnelles Kriegsende zunichte gemacht. Während des Sommers fanden scheinbar endlose Auseinandersetzungen mit Hitler darüber statt, wo der Schwerpunkt des Angriffes liegen sollte. Sie führten dazu, dass Brauchitsch sein Rücktrittsgesuch einreichte und Hitler sich selbst zum Oberbefehlshaber ernannte.

Zwischen dem 22. Juni 1941 und März 1942 verloren die Deutschen über 1 Million Soldaten. Nur 450 000 Soldaten konnten als Ersatz gefunden werden. Außerdem hatten sie einen hohen Materialverlust und die Nahrungsmittel wurden knapp. Bereits im November erkannte General Friedrich Fromm, Befehlshaber des Ersatzheeres, dass die Situation hoffnungslos war und drängte Hitler zu Friedensverhandlungen. Zur gleichen Zeit bat auch der Minister für Bewaffnung und Munition Fritz Todt Hitler darum, den Krieg aufgrund des prekären Zustandes der deutschen Rüstungsindustrie zu beenden. Hitler ignorierte diese Warnungen und trug sich unterdessen mit finsteren apokalyptischen Ideen einer *Götterdämmerung*. Er kündigte Unheil verheißend an: „Wenn das deutsche Volk nicht stark genug und nicht willens genug ist, sein eigenes Blut für seine Existenz zu opfern, dann soll es nicht mehr existieren und durch eine stärkere Kraft zerstört werden."

Am 11. Dezember 1941, vier Tage nach dem Angriff auf Pearl Harbor, erklärte Hitler den Vereinigten

Staaten von Amerika den Krieg. Es war ein weiteres typisches Vabanquespiel und eine Trotzgeste, die darauf spekulierte, vor einem Eingreifen der Amerikaner auf dem europäischen Kriegsschauplatz einen Sieg in der Sowjetunion erringen zu können. Goebbels kommentierte in seinem Tagebuch, in dem er sich auf eine Hitlerrede vom 12. Dezember berief: „Der Weltkrieg ist da, die Vernichtung des Judentums muss die notwendige Folge sein."

Zu Beginn der Frühjahrsoffensive 1942 konnten nur 10 Prozent der verlorenen Fahrzeuge ersetzt werden. Nur 5 Prozent der Wehrmachtsverbände waren vollständig einsatzbereit. Ungeachtet dessen, dass ihnen 650 000 Soldaten fehlten, rückten sie vor. Ihnen kamen die schwache sowjetische Aufklärung und schwere operationale Fehler zugute. Im Sommer 1942 wurde der Heeresgruppe A aus der Heeresgruppe Süd von Hitler direkt befohlen, das Schwarze Meer und den Kaukasus anzusteuern. Der Großteil der Heeresgruppe B, der im Raum Kursk stationiert war, sollte an den Don bei Woronesch und dann südöstlich nach Stalingrad vorrücken. Die 6. Armee von Friedrich Paulus sollte westlich von Charkow losbrechen und den Rest der Heeresgruppe B treffen.

Mit der am 23. Oktober 1942 beginnenden Schlacht um El Alamein und der „Operation Torch", der amerikanischen Landung am 8. November in Algerien und Marokko, war das Ende des Nordafrikakrieges vorgegeben. Am 19. November starteten die Sowjets eine massive Gegenoffensive bei Stalingrad, die die 6. Armee von Paulus in einer aussichtslosen Situation zurückließ. Nur noch ein Wunder hätte zu diesem Zeitpunkt zum Sieg geführt. Hitler war so weit von der Realität abgerückt, dass sein blinder Glaube an die Vorsehung und sein eigener einzigartiger Genius ungebrochen waren. Mit diesem Nimbus umgab sich der „größte Führer aller Zeiten" (manchmal geringschätzig als „Gröfaz" abgekürzt); folglich erkannten nur sehr Wenige den wahren Ernst und die Tragweite der Situation.

Der Holocaust

Mit dem Überfall auf die Sowjetunion begann die letzte und schrecklichste Phase der Judenverfolgung durch die Nazis. Als das Generalgouvernement aus den Überbleibseln von Polen geschaffen wurde, plante Heydrich, ein „Judenreservat" im Raum Lublin zu errichten; es sollte eine vorübergehende Maßnahme vor der „territorialen" Lösung des „Judenproblems" irgendwo im Osten sein. Das Gebiet war jedoch nicht groß genug, so dass sich dieses Vorhaben als nicht durchführbar herausstellte. Die Juden wurden stattdessen in den größeren Städten in Ghettos zusammengetrieben. Außerdem erhob der Generalgouverneur des Protektorats, Hans Frank, gegen Heydrichs Vorschlag vehementen Einspruch, da er sein Gebiet „judenrein" machen wollte.

Nach der Niederlage Frankreichs schlug Franz Rademacher, der Leiter des „Referats III für Judenfragen" im Auswärtigen Amt, die Aussiedlung europäischer Juden „zum Beispiel nach Madagaskar" vor. Sie sollten dort als „Faustpfand für ein künftiges Wohlverhalten ihrer Rassegenossen in Amerika" festgehalten werden. Adolf Eichmann favorisierte den Madagaskarplan, der seit langem in antisemitischen Kreisen befürwortet wurde, entschieden. Man nahm an, dass die klimatischen Bedingungen auf der Insel zu einer überaus hohen Todesrate führen würden. Dieses Vorhaben musste jedoch wegen eines Verschiffungsproblems aufgegeben werden, das mit Großbritanniens anhaltender Kampfbereitschaft in Verbindung stand.

Inzwischen wurden die Zustände in den überfüllten polnischen Ghettos kontinuierlich schlimmer und die Verantwortlichen stießen bei der Bewachung und Versorgung ihrer Opfer auf ernsthafte Probleme. Einige SS-Offiziere niederer Dienstgrade schlugen als einzigen Ausweg die Ermordung aller nicht Arbeitsfähiger vor. Die Situation verschlechterte sich zunehmend mit dem Einmarsch in die Sowjetunion, da sie einen hohen jüdischen Bevölkerungsanteil hatte. Nach den Vorstellungen der Nazis hatten sowohl Juden und Partisanen als auch Juden und Bolschewisten den gleichen Stellenwert und die

Deutschen machten sich mit unerbittlichem Nachdruck an deren Vernichtung. Göring gab bekannt,
dies wäre „nicht der zweite Weltkrieg", sondern der
„große Rassenkrieg" und bevollmächtigte am
31. Juli 1941 Heydrich mit der „Gesamtlösung der
Judenfrage im deutschen Einflussgebiet in Europa".

Im September beschloss Hitler, dass alle deutschen Juden in das Generalgouvernement vertrieben
werden sollten. Sie wurden gezwungen, den gelben
Davidstern zu tragen, ihre wenigen verbliebenen
Bürgerrechte wurden ihnen genommen und ihr Besitz wurde beschlagnahmt. Nun wurden Vorbereitungen für den Massenmord an Juden und psychisch
Kranken im Osten getroffen, um Platz für die Neuan-
kömmlinge zu schaffen. Unter den ersten Opfern
waren die Juden aus den Ghettos von Riga und
Minsk wie auch die psychisch Kranken aus dem
„Warthegau". Die Einsatzkommandos töteten sie
mit Kohlenmonoxid in mobilen Gaskammern oder
erschossen sie in Massenexekutionen. Vernichtungslager wurden in Belzec, Chelmno, Sobibor und Tre-
blinka errichtet, wo Gaskammern analog zu denjenigen gebaut wurden, die zur Ermordung von Behinderten in Deutschland bei der „Aktion T4" genutzt
wurden, die im September 1939 begonnen hatte. Die
Gaskammern in Chelmno wurden erstmals im Dezember 1941 eingesetzt.

Heydrich legte eine große Konferenz für den
9. Dezember 1941 über die „Endlösung der Juden-

frage" fest, die in einer Villa am Wannsee in Berlin
stattfinden sollte, doch musste sie aufgrund des japanischen Angriffs auf Pearl Harbor verschoben
werden.

Der Wannsee-Konferenz wohnten 15 Parteifunktionäre und hohe Staatsbeamte der wichtigsten
Ministerien bei; sie fand schließlich am Mittag des
20. Januars 1942 statt. Heydrich war der Vorsitzende
und Eichmann der Protokollant des Treffens. Heydrich gab seine Absicht bekannt, ganz Europa, einschließlich Großbritannien und Schweden, sowie
Nordafrika „judenrein" zu machen. Seiner Schät-
zung nach kämen „im Zuge dieser Endlösung der europäischen Judenfrage insgesamt 11 Millionen Juden
in Betracht", die in den Osten deportiert werden
sollten. Die Arbeitsfähigen sollten „straßenbauend"
dorthin geführt werden, wobei ein Großteil von
ihnen „natürliche[r] Verminderung" unterliegen
würde. Die Überlebenden müssten „entsprechend
behandelt" werden, da sie ansonsten eine außerge-
wöhnlich widerstandsfähige „Keimzelle" „eines
neuen jüdischen Aufbaues" darstellen würden. Eine
Ausnahme galt Juden ab 65 Jahren; sie sollten in das
„Altersghetto" im Konzentrationslager Theresien-
stadt überstellt werden. Dieses diente als Modell-
institution, um möglichen Vorwürfen der Alliierten
bezüglich Misshandlungen an Juden entgegnen zu
können. Josef Bühler, Hans Franks Stellvertreter im
Generalgouvernement, verlangte, dass die „End-

lösung" dort sobald als möglich beginnen sollte, da
die meisten Juden arbeitsunfähig wären und somit
ein großes wirtschaftliches und gesundheitliches
Problem darstellten. Während seines Prozesses 1961
in Jerusalem sagte Eichmann aus, dass es auf der
Wannsee-Konferenz eine freimütige und offene Diskussion über die jeweiligen Vorzüge der verschiedenen Methoden zur Massenvernichtung gegeben hat.
So wurde die Frage erörtert, ob jüdische Partner aus
„Mischehen" oder jüdische „Mischlinge" deportiert
werden sollten. Das Treffen war kurz, und es gab
keine Einwände gegen dieses entsetzliche Vorhaben.

In gewisser Weise war die Wannsee-Konferenz
die Bestätigung dessen, was bereits getan worden
war. Die Entscheidung, zahlreiche Juden zu ermorden, war bereits getroffen und viele Todeslager
waren gebaut worden. Hunderttausende waren bereits auf niederträchtigste Art und Weise hingerichtet worden, doch wurde nun zum ersten Mal die Absicht deutlich ausgedrückt, jeden einzelnen Juden in
Europa zu ermorden. Es hatte eine Reihe voran-
gegangener „endgültiger Lösungen der Judenfrage"
gegeben, doch war diese die sprichwörtliche „Endlösung" mittels eines kaltblütigen, sorgfältig geplanten, industrialisierten und zentralisierten Genozids
– ein beispielloses Horrorszenario in der mensch-
lichen Geschichte.

Rudolf Höß' Konzentrationslager in Auschwitz
wurde nun stark vergrößert, um auch Opfer aus

Westeuropa, dem Balkan und dem tschechischen Protektorat aufzunehmen. Das Stammlager wurde jetzt als Auschwitz I bezeichnet, das Vernichtungslager bei Birkenau als Auschwitz II, und die IG-Farben-Fabrik in dem Arbeitslager bei Monowitz hieß Auschwitz III. 40 000 Arbeiter schufteten hier vier Jahre lang vergeblich in den Buna Werken unter den fürchterlichsten Bedingungen. Es wurde niemals synthetischer Gummi hergestellt.

Zyklon B, ein auf Blausäure basierendes Gas, wurde zunächst für die Tötung russischer Kriegsgefangner in Auschwitz I im September 1941 verwendet. Die ersten Juden wurden im Februar 1942 damit ermordet. Himmler besuchte Auschwitz im Juli 1942, wo er den gesamten Ablauf von der Selektion an der Rampe über die Gaskammer bis zum Krematorium in Augenschein nahm und seine vollkommene Zufriedenheit über diese Maßnahmen ausdrückte. Er ordnete einen umfangreichen Ausbau von Birkenau an, nach dem bis zu 10 000 Opfer tagtäglich beseitigt werden könnten. Alle, die nicht in der Gaskammer umkamen, wurden zu Tode geprügelt, erschossen, waren Opfer entsetzlicher medizinischer Experimente, rapide ansteigender Krankheiten oder von Unterernährung. Nur die Stärksten und Findigsten überlebten.

Weit über 5 Millionen Juden wurden während des Holocaust umgebracht, doch waren sie nicht die einzigen Opfer der dystopischen Manie der Nazis. Bis

zu 3 Millionen polnischer Nichtjuden wurden hingerichtet und mindestens ebenso viele sowjetische Zi-
vilbürger zusätzlich zu den 2,1 Millionen sowjetischen Juden. Darüber hinaus wurden 3,3 Millionen
sowjetische Kriegsgefangene umgebracht – die meisten von ihnen verhungerten. Außerdem wurde eine
halbe Million Sinti und Roma getötet.

Die genauen Zahlen all jener, die diese entsetzlichen Massaker nicht überlebt haben, werden vermutlich niemals bekannt werden. Genauigkeit ist bei
solchen Zahlen eigentlich unwichtig, außer um Menschen entgegenzuwirken, die die Geschehnisse ver-
leugnen, oder behaupten, dass die Zahl der Opfer un-
bedeutend gewesen sei. Für alle, die dennoch eine ge-
naue Zahl verlangen, hat Peter Witte nachgewiesen,
dass in der ersten Phase der „Aktion Reinhardt" bis
zum 31. Dezember 1942 exakt 1 274 166 polnische
Juden in den Gaskammern des Generalgouverne-
ments ermordet wurden. Bis zu 15 Millionen Menschen starben infolge der „rassischen Neuordnung"
der Nationalsozialisten. Hätten sie den Krieg gewonnen, wäre diese Zahl unendlich größer geworden. Mit
dem von der SS vorbereiteten und am 24. Juni 1941
veröffentlichten „Generalplan Ost" folgte auf die
„Lösung des Judenproblems" eine „Lösung der Polen-
frage". 31 Millionen Menschen sollten „umgesie-
delt" – ein Euphemismus für umgebracht –, ihre Plät-
ze von „Volksdeutschen" und von rassisch Geeigne-
ten für die „Germanisierung" eingenommen werden.

Der Weg nach Auschwitz war nebulös. Es gibt kein einziges Dokument, keinen verbalen Befehl oder einen einzigen Grund, der diese schrecklichen Geschehnisse erklären kann. Kein Erklärungsversuch bringt uns näher an ein Verständnis heran, und wir denken wie Carlo Levis Mithäftling in Auschwitz, Iss Clausner, der die folgenden Worte in die Unterseite seines Suppentellers ritzte: „Ne chercher pas à comprendre" – „Versuche nicht zu verstehen." Es bedurfte einer höchstkomplexen Vielzahl von Gründen und Akteuren, von bösartigem, Abscheu erregendem, aber dennoch üblichem Antisemitismus und Rassismus, die in einen Massenmord solch unvorstellbaren Ausmaßes mündeten. Die Lebensmittelknappheit war so groß, dass es den Schreibtischtätern möglich war, die Beseitigung von 30 Millionen „unnützen Essern" und „Ballastmaterial" in Erwägung zu ziehen. Der hohe Wohnungsbedarf aufgrund der Alliiertenbombardements führte zu der Forderung, Juden aus dem Reich zu vertreiben. Finanzexperten warfen ein habgieriges Auge auf jüdischen Besitz. Absonderliche Pläne wurden für eine Wiederbesiedlung von Osteuropa verfasst. Rassistische Fanatiker konnten ihre wildesten Fantasien frei ausleben, während verbissene Spezialisten der wirtschaftlichen Rationalisierung mit Statistiken spielten und ähnlich unmenschliche Vorhaben erfanden.

Die Initiative kam nicht immer von der SS. Das Außenministerium lehnte den Madagaskarplan ab,

weil er „zu langsam" ablaufen würde und „nur" auf
die Juden des besetzten Europa anzuwenden war.
Tausende anonymer Komplizen waren in eine hoch
entwickelte moderne Gesellschaft verwickelt, in
der die Rechtsstaatlichkeit zerstört worden war.
Halbwissen beunruhigte das Gewissen dieser
Schreibtischtäter kaum, als sie die Zugfahrpläne
ausarbeiteten, ihre Mitteilungen schrieben, Vor-
träge über Rassentheorie hielten, Filme produzier-
ten, Buchhaltungsunterlagen prüften und den Willen des Führers umsetzten. Als das Regime stufenweise radikaler wurde, wurde auf jegliche
Zurückhaltung verzichtet. Wie Goebbels sagte:
„Wer A sagt muss auch B sagen ... Nach einem gewissen Zeitpunkt entwickelt die Judenpolitik eine
Eigendynamik."

Sowjetische Gegenoffensive

Die Rote Armee ergriff im Sommer 1943 mit ihrem Sieg bei Kursk die Initiative und behielt sie für
den Rest des Krieges. Indessen bedeutete die Landung der Alliierten in Sizilien, dass Italien verloren
war. Hitler war verpflichtet, Truppen von der Ostfront abzuziehen, um Italien zu verteidigen, dies zu
einer Zeit, als die Wehrmacht nach ihrer Niederlage
bei Kursk strauchelte. Alles war vergeblich. Mussolini wurde am 25. Juli 1943 abgesetzt und die Italie-

ner wechselten die Seite. Im Sommer des darauf
folgenden Jahres waren die Deutschen an ihre Aus-
gangsposition der Ostfront vom Juni 1941 zurückgedrängt worden. Vichy in Frankreich war bereits im
November 1942 von den Deutschen besetzt worden,
drei Tage nachdem die Amerikaner in Nordafrika ge-
landet waren. Die erfolgreiche Landung der Alliierten in der Normandie am 6. Juni 1944 bedeutete,
dass Hitlers Tage gezählt waren.

Der Nimbus um den Führer begann zu schwinden, als eine Katastrophe der nächsten folgte. Der
große Spieler verlor nun selbst ein Spiel nach dem
anderen und nichts als ein Wunder konnte ihn vor
dem Ruin retten. Immer mehr Deutsche bevorzugten
jetzt ein Ende in Schrecken vor einem Schrecken
ohne Ende. Eine kleine Gruppe vorwiegend adliger
Offiziere und Staatsbeamter erkannte, dass die Zeit
des Handelns gekommen war, um Deutschland vor
der totalen Zerstörung und dem Untergang in mora-
lischer Schande zu bewahren. Sie waren tapfere Männer, denen fast keine Unterstützung aus der großen
Bevölkerung entgegengebracht wurde, obwohl das
Regime zu Hause drastisch repressiv geworden war
und die Tentakel von Himmlers SS überall hinreich-
ten. Hitler zog sich zunehmend zurück und isolierte
sich. Der Zugang zu ihm wurde von dessen unnach-
giebigem Sekretär Martin Bormann sorgsam bewacht
und er war von Schmeichlern und hirnlosen Agitato-
ren umgeben. Der fehlgeschlagene Versuch eines

Attentats am 20. Juli 1944 verschaffte diesem mittel-
alterlichen Despoten mit seiner Krieg führenden Ba-
ronie erneute Popularität, und Sympathiebekundun-
gen kamen aus dem gesamten Reich. Wie konnten
diese boshaften Männer versuchen, den Führer zum
Zeitpunkt nationaler Gefahr umzubringen? Es gab
weit verbreitete Zustimmung für die bestialische Be-
handlung der Verschwörer, ihrer Verbündeten und
ihrer Familien, die als „Reaktionäre", „feine Pinkel"
und „Plutokraten" beschimpft wurden. Etwa 1000
Personen wurden verhaftet und in Schauprozessen
abgeurteilt, etwa 20 wurden hingerichtet. Alle Ver-
wandten der Verschwörer ließ Hitler enteignen und
unter Sippenhaft stellen. Viele Deutsche erneuerten
das Vertrauen in ihren chiliastischen Retter.

Kriegswirtschaft

Trotz zahlreicher Rückschläge und der verheerenden Auswirkungen der strategischen Bombenangriffe der Alliierten hatte die Rüstungsproduktion ihren Höhepunkt im Sommer 1944 erreicht. Dies war
vor allem auf die Anstrengungen von Albert Speer
zurückzuführen, Hitlers jungem Architektenfreund,
der nach dem Tod von Fritz Todt durch einen Flugzeugabsturz im Februar 1942 die Verantwortung für
diesen entscheidenden Bereich übernahm. Speer rang
mit Bormann, dem Gau- und Reichsleiter, um ein ra-

tionalisiertes und zentralisiertes Ministerium für Rüstung und Kriegsproduktion zu schaffen, das groß angelegte Produktionen gegenüber den kleinen, von den Nazis bevorzugten Unternehmen begünstigte. Speer konnte den Streit nur gewinnen, weil er Hitlers volles Vertrauen genoss.

Die absurde Behauptung, Deutschland wäre ein „Volk ohne Raum", die Prämisse, unter der ein Krieg zur Erlangung von „Lebensraum" entfesselt worden war, stellte sich bald als völliger Unsinn heraus. In der Tat aber war Deutschland ein Raum ohne Volk, nämlich vollkommen abhängig von so genannten „Fremdarbeitern". Dies wiederum stand im Widerspruch zu den strikten Befürwortern der nationalsozialistischen Rassenpolitik, die ernsthafte rassenpolitische Einwände gegenüber der Beschäftigung von ausländischen Arbeitskräften hegten, die aber auch ideologische Einwände gegenüber der Beschäftigung von Frauen hatten.

Walter Darré und seine „Blut und Boden"-Anhänger waren zutiefst beunruhigt, dass bereits im Jahre 1938 wegen des Landarbeitermangels, der zu dem Zeitpunkt eine viertel Million betrug, deutscher Boden zunehmend von – zu dieser Zeit noch freiwilligen – Arbeitern „minderwertiger Rassen" bestellt wurde. Im Herbst 1944 gab es ungefähr 8,5 Millionen – nun zum überwiegenden Teil zur Arbeit zwangsverpflichtete – „Fremdarbeiter" in Deutschland, die zusammen über ein Viertel der Arbeitskraft ausmachten. Die Rüstungsindustrie war nun von diesen Zwangsarbeitern und Kriegsgefangenen abhängig. Von diesen waren etwa 2 Millionen Kriegsgefangene, 2,8 Millionen Arbeiter kamen aus der Sowjetunion, 1,7 Millionen aus Polen, 1,3 Millionen aus Frankreich und 600 000 aus Italien. Dazu zählten auch 650 000 Insassen der Konzentrationslager, von denen die meisten Juden waren.

Nach Kriegsbeginn verplichteten die Nazis zunächst Kriegsgefangene zur Arbeit, doch hatten nur wenige die für die Rüstungsindustrie notwendigen Fachkenntnisse. Die Anwerbung von ausländischen Arbeitern gestaltete sich als besonders schwierig, und Parteifunktionäre befürchteten, dass Arbeiter aus dem Osten die „rassische Basis der biologischen Stärke Deutschlands" schwächen würden, insbesondere, weil es eine besorgniserregende Anzahl sexueller Beziehungen zwischen „arischen" Deutschen und „slawischen Untermenschen" gab. Dieses Problem wurde teilweise durch die Verlegung von Fabriken aus Deutschland in das Generalgouvernement gelöst. Arbeiter aus Westeuropa stellten eine geringere biologische Bedrohung dar, doch fürchtete man, dass sie geneigt sein könnten, sich an Sabotageakten zu beteiligen.

Im März 1942 wurde Fritz Sauckel, der Gauleiter von Thüringen, zum „Generalbevollmächtigten für den Arbeitseinsatz" ernannt. Sein Aufgabenbereich umfasste die „Sicherstellung der erforderlichen Ar-

beitskräfte in der deutschen Kriegswirtschaft mit
allen von ihm als notwendig erachteten Maßnahmen
im Großdeutschen Reich, in dem Protektorat, dem
Generalgouvernement und in den besetzten Gebieten."

Als guter Nationalsozialist weigerte sich Sauckel
dagegen, an irgendeine Rechtsnorm gebunden zu
sein. Er handelte nach dem paulinischen Grundsatz
„Wer nicht arbeitet, soll auch nicht essen", indem er
jedem, der die Arbeit verweigerte, seine Lebensmittelkarten und Kleidungsgutscheine entzog. Er nannte
diese totale Missachtung des Gesetztes „aktive Legi-
timation". Seine anfänglichen Versuche, freiwillige
ausländische Arbeiter zu finden, indem er gleiche Bezahlung wie für deutsche Arbeiter anbot, hatten
wenig Erfolg. Von 5 Millionen so genannten „Fremdarbeitern" kamen lediglich 200 000 aus eigenem
Antrieb.

Primitive Lebensbedingungen, Unterernährung
und lange Arbeitszeiten der Zwangsarbeiter hatten
einen deutlichen Produktivitätsrückgang zur Folge.
Durch das Anheben von Löhnen, die Einführung von
Akkordarbeit und die Gewährung von mehr Freihei-
ten versuchte Sauckel, diese Entwicklung zu überwinden. Das Ergebnis war eine erhebliche Produkti-
vitätssteigerung. Kriegsgefangene konnten allerdings
nicht so leicht bestochen werden und erwiesen sich
als besonders unwillig, für den Nutzen des Großdeutschen Reiches zu arbeiten.

Die zivilen ausländischen Zwangsarbeiter, ausgenommen jener aus Polen und der Sowjetunion, erhielten die gleichen Löhne und Sozialleistungen wie Deutsche. Sie bekamen demnach bezahlten Urlaub, Kindergeld, Rentenbeiträge und Sondervergütungen für Geburtstage, Hochzeiten und Todesfälle. Polnische und sowjetische Arbeiter erhielten zwar die gleichen Bruttolöhne wie die anderen, doch waren sie besonderen Abzügen unterworfen, die ihnen zwischen 10 und 17 Reichsmark pro Woche übrig ließen. Da sie proTag 1,50 Reichsmark für Kost und Logis zu zahlen hatten, stand ihnen am Ende der Woche nur noch sehr wenig zur Verfügung. Die progressive Besteuerung war so steil, dass Überstunden sich nicht auf den Nettolohn auswirkten.

Zur Steigerung des Leistungswillens setzte Sauckel die Abgabenbelastung für sowjetische und polnische Arbeiter deutlich herab. Er gewährte polnischen Arbeitern auch Heimatbesuche, bis fehlende Transportmöglichkeiten dies unmöglich machten. Sowjetischen Arbeitern war das Reisen nicht erlaubt, doch wurden ihnen ein paar freie Tage gewährt, wenn sie an der Arbeitsstelle entbehrt werden konnten.

Sauckel befand sich alsbald in unmittelbarem Konflikt mit der SS. Er war darauf bedacht, so viele leistungsfähige Arbeiter wie möglich zu finden. Die SS zielte hingegen darauf ab, die Millionen von sowjetischen Kriegsgefangenen zusammen mit all den

Hunderttausenden von Juden, die für die Deutschen arbeiteten, zu töten. In dieser Auseinandersetzung behielt die SS die Oberhand, und Millionen sowjetischer Kriegsgefangener erlitten einen grauenvollen Tod, indem sie gezwungen wurden, bis zur Erschöpfung oder bis zum Hungertod zu arbeiten.

Gegen Ende des Krieges wurde die Lage der Zwangsarbeiter und Kriegsgefangenen aussichtslos. Auf der Suche nach Nahrung und Schutz wanderten sie zwischen dem Schutt zerstörter Städte umher. Viele schlossen sich in bewaffneten Banden zusammen und wurden in Kämpfe mit den Sicherheitskräften verwickelt. All jene, die beim Plündern erwischt wurden – d. h. all jene, die tatsächlich etwas Essbares gefunden hatten – wurden standrechtlich erschossen. 200 Sowjetbürger wurden in Dortmund erschossen und in Suttrop im Sauerland wurden 129 Männer, 77 Frauen und zwei kleine Kinder auf Befehl des SS-Generals Kammler ermordet. Weil SS-Männer sich geweigert hatten, eine Gruppe sowjetischer Frauen hinzurichten, wurden sie ebenfalls erschossen. Ihr Opfer erinnert daran, dass menschlicher Anstand inmitten unvorstellbaren Schreckens niemals vollständig fehlte und auch dort auftrat, wo man ihn nicht vermutet hätte.

Der Untergang

Am 16. Dezember 1944 wurde die letzte deutsche Offensive in den Ardennen gegen die amerikanischen Streitkräfte in Luxemburg und Belgien gestartet. Es war eine farblose Nachahmung von „Fall Gelb" aus dem Jahr 1940 und schwächte die hart bedrängte Ostfront weiter. Die Amerikaner wurden zunächst vollkommen überrascht, doch setzten sie Reserveeinheiten in Bewegung, um den deutschen Vormarsch zu stoppen. Brigade-General Anthony Clement McAuliffe stoppte Hasso von Manteuffels 5. Panzerarmee bei Bastogne, und im Süden machte George Smith Pattons 3. US Army eine brillante 90-Grad-Wendung nach Norden, um die südliche Flanke der deutschen Truppen zu schlagen. Die schlecht ausgestatteten und erschöpften Deutschen kämpften zäh bei unzulänglicher Luftunterstützung und waren auf die Treibstoffdepots der Alliierten für den Nachschub angewiesen. Die Übermacht gegen die Deutschen war erdrückend. Die Alliierten starteten ihre Gegenoffensive am 3. Januar, und innerhalb weniger Tage war klar, dass Hitlers letztes Vabanquespiel gescheitert war. Er hatte seine letzten Reserven aufgebraucht, die dringend gegen die sowjetische Winteroffensive, die am 12. Januar begann, benötigt worden wären. Damit hörte die Luftwaffe regelrecht auf zu existieren.

Hitler kam am 16. Januar zurück nach Berlin, verbrachte seine letzten Tage zusammengedrängt mit seinen Gefährten im Bunker unter der Reichskanzlei, wo eine klaustrophobische Atmosphäre herrschte – realitätsfern und beklemmend apokalyptisch. Indessen schleppten sich Millionen halb verhungerter Flüchtlinge westwärts, um der wahllos mordenden Roten Armee mit ihren Schändungen, Plünderungen und Massendeportationen in den Gulag zu entgehen. Polen und Tschechen schlossen sich diesen entsetzlichen Entgleisungen an, und nahmen fürchterliche Rache an ihren Unterdrückern. Hunderttausende von Deutschen, die diese barbarischen Behandlungen über sich ergehen lassen mussten, sind ebenso zu den Millionen von Hitlers unschuldigen Opfern zu zählen.

Hitler hielt am 30. Januar zum letzten Mal seine traditionelle Rundfunkansprache zum Jahrestag der „Machtergreifung". Es war ein jämmerlicher Auftritt, bei dem er erneut davon redete, bis in den Tod gegen den „asiatischen Bolschewismus" kämpfen zu müssen, doch war um ihn herum allen klar, dass der Krieg verloren war. Am 15. März 1945 betonte Speer, dass die Kriegswirtschaft nicht aufgrund der Bombardements der Alliierten zusammengebrochen war, sondern mangels notwendiger Rohstoffressourcen – vor allem des rumänischen Öls – sowie wegen der Zerstörung des Transportnetzes. Die Alliierten stänen unmittelbar vor dem Ruhrgebiet und es sei sinnlos, den Krieg fortzuführen. Es waren in der Tat alliierte Bomber, die die Transportmöglichkeiten erfolgreich zerstört hatten und sich nun auf die Zerstörung der Ölraffinerien, Brücken, Kanäle und Chemiefabriken konzentrierten.

Die Bombenangriffe der Alliierten hatten über 600 000 Todesopfer zur Folge und zerstörten 3,37 Millionen Häuser. Sie zwangen die Deutschen dazu, über 800 000 Menschen für die Luftverteidigung einzusetzen; anderen Fronten fehlten somit Artillerie, Flugzeuge und Arbeitskräfte. Ein nicht zu deckender Aluminiumbedarf entstand durch den Gebrauch von Zündern für Luftabwehrgeschosse. Das alles hatte ganz klar verheerende Auswirkungen auf die Moral der Zivilbevölkerung, und es entstand eine allgemeine Ernüchterung über eine Führerschaft, die bei der Verteidigung des Vaterlandes so spektakulär versagte. Die Moralität strategischer Bombenangriffe ist sicherlich fragwürdig, doch auch Versuche einiger, Männer wie „Bomber Harris" als moralisches Äquivalent zu Heinrich Himmler aufzurechnen, sind grotesk.

Hitler ignorierte Speers Bitten, dem deutschen Volk Überlebensmöglichkeiten in der Nachkriegswelt zu gewähren. Ein Volk, das sich als so schwach und kraftlos erwiesen hätte, so Hitler, verdiene nichts anderes, als vernichtet zu werden. Zu seiner Bestürzung hatte Deutschlands Auftritt in diesem gigantischen Zusammenstoß zwischen den Völkern bewiesen, dass seine Wahnsinnsvision der biologisch-rassischen Überlegenheit des deutschen Volkes an der Realität zerbrach. Am 19. März 1945 erließ Hitler den „Nero-Befehl", in dem er die totale Zerstörung der Infrastruktur Deutschlands anordnete. Zum Glück gehorchten dieser sinnlosen Anordnung nur Wenige. Der Wille des Führers war nicht länger Gesetz.

Hitlers 56. Geburtstag am 20. April war eine düstere Angelegenheit, während der er beschloss, bis zum Ende in Berlin zu bleiben. Am 29. April heiratete er seine langjährige und lang duldende Geliebte Eva Braun. Danach diktierte er sein politisches Testament. Selbst seine ihm ergebene Sekretärin Traudl Junge war entsetzt über dieses niederträchtige und abscheuliche Dokument. Am Tag darauf begingen Hitler und seine junge Braut um 3.30 Uhr Selbstmord.

Zwischenzeitlich, am 23. April, fragte Göring, der sich nach Berchtesgaden zurückgezogen hatte, ob er das Kommando übernehmen könne, da Hitler keinerlei Handlungsspielraum mehr hatte. Hitler schloss ihn deshalb aus der Partei aus. Himmler entsandte einige Friedensstifter, woraufhin Hitler seine Festnahme befahl. Mit einer Kapsel Zyanid beendete der Reichsführer-SS am 23. Mai sein elendes Leben. Goebbels versagte bei seinem Versuch, einen separaten Frieden mit den Sowjets zu unterzeichnen, und beging zusammen mit seiner Frau am 1. Mai Selbstmord, nachdem sie zuvor ihre sechs Kinder umgebracht hatten.

Am 6. Mai unterzeichnete Generaloberst Alfred Jodl die bedingungslose Kapitulation in Reims. General Dwight D. Eisenhower berichtete lakonisch dem gemeinsamen Operations- und Planungsstab, dass die Mission der Alliierten vorüber sei. Am 9. Mai unterzeichnete Generalfeldmarschall Wilhelm Keitel zusammen mit Marschall Georgij Schukow und Luftmarschall Arthur Tedder eine zweite Kapitulationsurkunde in Berlin, womit Hitlers Krieg formal beendet wurde.

Dies bedeutete auch das Ende des Nationalsozialismus. Das Dritte Reich hinterließ nichts als Entsetzen – das Entsetzen über Abermillionen Tote, einen in Schutt gelegten Kontinent, das Entsetzen einer auf Barbarei, moralischen Schmutz und Massenmord reduzierten großen Nation, die bald von Schuldgefühlen heimgesucht werden sollte. Das Entsetzen über diese Zeit wird nicht aufhören, auch wenn es zur Geschichte wird. Es bleibt unfassbar.

Literaturverzeichnis

Arad, Yitzak, Shmuel Krakowski und Shmuel Spector (Hrsg.). *The Einsatzgruppen Reports*. New York: 1989.

Arad, Yitzak, Yisrael Gutman und Abraham Margaliot (Hrsg.). *Documents of the Holocaust*. Jerusalem: 1981.

Benz, Wolfgang. *Der Holocaust*. 6. Aufl. München: C. H. Beck, 2005.

Balfour, Michael. *Withstanding Hitler in Germany 1933–1945*. London: 1988.

Barkai, Avraham. *Vom Boykott zur Entjudung*. Frankfurt am Main: Fischer, 1988.

Barkai, Avraham. *Das Wirtschaftssystem des Nationalsozialismus. Ideologie, Theorie, Politik, 1933–1945*. Frankfurt am Main: Fischer, 1998.

Bauer, Yehuda. *The Holocaust in Historical Perspective*. London: 1978.

Bergen, Doris L. *Twisted Cross. The German Christian Movement in the Third Reich*. Chapel Hill: 1996.

Bracher, Karl-Dietrich. *Die deutsche Diktatur: Entstehung, Struktur, Folgen des Nationalsozialismus*. 6. Aufl. Frankfurt am Main: Ullstein, 1979.

Brechtken, Magnus. *Die nationalsozialistische Herrschaft 1933–1939*. Darmstadt 2004.

Breitmann, Richard. *Heinrich Himmler: Der Architekt der „Endlösung"*. 3. Aufl. Zürich: Pendo, 2000.

Browning, Christopher. *Der Weg zur „Endlösung": Entschei-dungen und Täter.* Reinbek: Rowohlt, 2002.

Browning, Christopher. *Ganz normale Männer: Das Reserve-Polizeibataillon 101 und die „Endlösung" in Polen.* 3. erw. Neuausgabe. Reinbek: Rowohlt, 2005.

Bullock, Alan. *Hitler: Eine Studie über Tyrannei.* Düsseldorf: Droste, 1988.

Burleigh, Michael. *Die Zeit des Nationalsozialismus: Eine Gesamtdarstellung.* Frankfurt am Main: Fischer, 2000.

Burleigh, Michael und Wolfgang Wippermann. *The Racial State. Germany 1933–1945.* Cambridge: 1991.

Burleigh, Michael. *Tod und Erlösung: Euthanasie in Deutsch-land 1900–1945.* Zürich: Pendo, 2002.

Conway, J. S. *Die nationalsozialistische Kirchenpolitik 1933–1945. Ihre Ziele, Widersprüche und Irrtümer.* Mün-chen: Chr. Kaiser, 1986.

Deist, Wilhelm. *The Wehrmacht and German Rearmament.* London: 1981.

Evans, Richard J. *Das Dritte Reich: Aufstieg.* München: Dtv, 2005.

Farquharson, J. E. *The Plough and the Swastika. The NSDAP and Agriculture in Germany 1928–1945.* London: 1976.

Fest, Joachim. *Hitler: Eine Biografie.* München: Ullstein, 2003.

Friedländer, Saul. *Das Dritte Reich und die Juden: Die Jahre der Verfolgung 1933–1939.* München: dtv, 2000.

Gellately, Robert. *Die Gestapo und die deutsche Gesell-schaft: Die Durchsetzung der Rassenpolitik 1933–1945.* Paderborn: Schöningh, 2002.

Glantz, David M. *Barbarossa: Hitler's Invasion of Russia 1941.* Stroud: 2001.

Gorodetsky, Gabriel. *Grand Delusion. Stalin and the German Invasion of Russia.* New Haven/London: 1999.

Graml, Hermann. *Reichskristallnacht: Antisemitismus und Judenverfolgung im Dritten Reich.* München: Dtv, 1988.

Grossmann, Vasily. *Life and Fate.* London: 1985

Herbert, Ulrich. *Hitler's Foreign Workers. Enforced Foreign Labour in Germany under the Third Reich.* Cambridge: 1997.

Hiden, John und John Farquharson. *Explaining Hitler's Germany.* London: 1989.

Hilberg, Raul. *Die Vernichtung der europäischen Juden: Die Gesamtgeschichte des Holocaust.* 6. Aufl. Frankfurt am Main: Fischer, 1994.

Hildebrand, Klaus. *Das Dritte Reich.* 6. neu bearb. Aufl. München: Oldenbourg, 2003.

Hoffmann, Peter. *The History of German Resistance to Hitler 1933–1945.* Montreal: 1996.

Longerich, Peter. *„Davon haben wir nichts gewusst!" Die Deutschen und die Judenverfolgung 1933–1945.* München: Siedler, 2006.

James, Harold. *Deutschland in der Weltwirtschaftskrise 1924–1936.* Stuttgart: DVA, 1988.

Kastner, Klaus. *Die Völker klagen an. Der Nürnberger Prozess 1945–1946.* Darmstadt: Primus, 2005.

Kershaw, Ian. *Der Hitler-Mythos: Führerkult und Volksmeinung.* München: dtv, 2002.

Kershaw, Ian. *Der NS-Staat: Geschichtsinterpretationen und Kontroversen im Überblick.* Erw. und bearb. Neuausg., 14.–21. Tsd. Reinbek: Rowohlt, 1999.

Kershaw, Ian. *Hitler.* München: Dtv, 2002. Gesamtausgabe

Kißener, Michael. *Das Dritte Reich.* Darmstadt: WBG, 2005.

Kitchen, Martin. *Nazi Germany at War.* New York: 1995.

Klemperer, Viktor. *Ich will Zeugnis ablegen bis zum letzten: Tagebücher 1933–1945.* 11. Aufl. Berlin: Aufbau-Verlag, 1999.

Koonz, Claudia. *Mütter im Vaterland: Frauen im Dritten Reich.* Reinbek: Rowohlt, 1994.

Noakes, Jeremy und Geoffrey Pridham (Hrsg.). *Nazism, 1919–1945. A Documentary Reader.* Exeter: 1983–1998.

Müller, Klaus-Jürgen. *Armee und Drittes Reich.* 2. unveränderte Aufl. Paderborn: Schöningh, 1989.

Mulligan, Timothy. *The Politics of Illusion and Empire. German Occupation Policy in the Soviet Union 1942–43.* New York: 1988.

Marrus, Michael und Robert Paxton. *Vichy France and the Jews.* New York: 1983.

Marrus, Michael. *The Holocaust in History.* London: 1989.

Nekrich, Aleksandr M. *Pariahs, Partners, Predators. German-Soviet Relations 1922–1941.* New York: 1997.

Overy, Richard J. *Machtgier und Eitelkeit.* München: Heyne, 1986.

Overy, Richard J. *The Nazi Economic Recovery, 1932–1938.* Cambridge: 1996.

Overy, Richard J. *Russlands Krieg: 1941–1945.* 2. Aufl. Reinbek: Rowohlt, 2004.

Overy, Richard J. *The Air War, 1939–1945.* London: 1980.

Overy, Richard J. *Die Wurzeln des Sieges: Warum die Alliierten den zweiten Weltkrieg gewannen.* 2. Aufl. Reinbek: Rowohlt, 2005.

Paucker, Arnold. *Gegen alle Vergeblichkeit: Jüdischer Widerstand gegen den Nationalsozialismus.* Frankfurt am Main: Campus, 2003.

Trunk, Isaiah. *Judenrat. The Jewish Councils in Eastern Europe under Nazi Occupation.* New York: 1972.

Personenregister